MÓWIĘ PO POLSKU
ĆWICZENIA
DLA OBCOKRAJOWCÓW

Monika Gworys
Anna Mądrecka

Redaktor prowadzący: Joanna Waszkiewicz-Siara
Recenzja: prof. dr hab. Iwona Janowska, prof. dr hab. Przemysław E. Gębal
Korekta merytoryczna: Agnieszka Jančik
Korekta językowa: Dominika Ładycka, Aneta Łobaza, Mariusz Siara, Joanna Waszkiewicz-Siara

Rysunki: Jacek Krumholc
Projekt okładki: Pracownia Słowa
Projekt graficzny i skład: Studio Quadro
Korekty: Pracownia Słowa

Copyright © by Prolog Publishing, Kraków 2024

Wydanie I
Dodruk wydania I z 2021 r.
ISBN 978-83-958337-8-6

Druk: Drukarnia Leyko

Wydawnictwo PROLOG
ul. Bronowicka 37, 30-084 Kraków
tel. +48 (12) 638 45 25
e-mail: books@prolog.edu.pl
www.prologpublishing.com

SPIS TREŚCI

A1

		strona	krąg tematyczny
1.	Jestem inżynierem	.... 6	autoprezentacja
2.	Lubię nosić dżinsy	.... 10	człowiek – wygląd zewnętrzny, ubrania, cechy charakteru
3.	Mam siostrę i brata	.... 16	rodzina
4.	Moje śniadanie, mój obiad, moja kolacja	.... 20	jedzenie
5.	Przepraszam, jak dojść do rynku?	.... 26	miasto, transport
6.	Codziennie chodzę spać o 23:00	.... 32	życie codzienne – rutyna dnia
7.	Lubię podróżować	.... 36	podróże, miejsca
8.	Mieszkanie czy akademik?	.... 42	mieszkanie
9.	Wróżka prawdę ci powie	.... 46	plany, marzenia, horoskop, wróżby
10.	Życie gwiazdy	.... 52	człowiek – biografia, czas przeszły

A2

1.	Powiedz mi, kim jesteś…?	.... 59	człowiek – opis osoby
2.	Czy masz rodzeństwo?	.... 65	rodzina
3.	Uwielbiam tańczyć!	.... 71	sposoby spędzania wolnego czasu
4.	Gdzie mieszkasz?	.... 77	mieszkanie
5.	Muszę wysłać paczkę	.... 83	zakupy i usługi
6.	Moja praca to moja pasja	.... 91	praca
7.	Czas płynie	.... 97	czas
8.	Ładnie wyglądasz!	.... 103	wygląd zewnętrzny
9.	Mazury czy Bieszczady?	.... 109	podróże i miejsca
10.	Żyj zdrowo!	.... 115	zdrowie

Można sprawdzić rozwiązanie zadania w kluczu.
Wypowiedź należy zaplanować.
@ Warto poszukać informacji w internecie lub w innych źródłach.
Można posłuchać nagrania przykładowych wypowiedzi.
Do przygotowania jest monolog.
Do przygotowania jest dialog.

O KSIĄŻCE

Mówię po polsku. Ćwiczenia dla obcokrajowców. Poziom A1 i A2 to podręcznik, którego głównym zadaniem jest rozwijanie sprawności mówienia osób rozpoczynających naukę języka polskiego od podstaw. Wykorzystano w nim założenia podejścia komunikacyjnego i zadaniowego; nacisk został też położony na rozwój kompetencji interkulturowej. Adresatami publikacji są młodzież i dorośli, którzy uczą się języka polskiego jako obcego albo polski to ich język drugi lub odziedziczony. Korzystając z książki, uczący się może rozwijać samodzielność i kreatywność w budowaniu wypowiedzi oraz osiągnąć sprawność komunikacyjną w różnych sytuacjach życia codziennego.

Podręcznik można wykorzystać zarówno na standardowych kursach języka polskiego jako obcego (poszczególne jednostki lekcyjne mogą stanowić podsumowanie większych partii materiału), jak i podczas lekcji przygotowujących do egzaminu certyfikatowego (na poziomie A2). Będzie także dobrym podręcznikiem wiodącym na zajęciach konwersacyjnych z języka polskiego jako obcego. Można z nim pracować na zorganizowanych zajęciach w grupach oraz indywidualnie (samodzielnie albo pod kierunkiem nauczyciela).

Podręcznik realizuje zagadnienia z poziomów biegłości językowej A1 i A2. Został podzielony na dwie odpowiadające im części. Każda z nich składa się z dziesięciu jednostek lekcyjnych, które są skupione wokół wybranych kręgów tematycznych, opisanych w „Programach nauczania języka polskiego jako obcego. Poziomy A1–C2" (2016).

Na kartach wprowadzających do poszczególnych części oznaczonych jako A1 i A2 można znaleźć m.in.: opis ogólny poziomu biegłości językowej oraz umiejętności w zakresie sprawności mówienia, informacje o strukturze egzaminu certyfikatowego, a także instrukcje wykonania zadań podczas egzaminu ustnego (na poziomie A2).

Wszystkie jednostki lekcyjne mają podobną budowę. Rozdziały zwykle rozpoczynają się od zadań przedkomunikacyjnych, które mają na celu zogniskowanie uwagi uczącego się na temacie lekcji, a przez to przypomnienie i zgromadzenie potrzebnej leksyki oraz struktur gramatycznych. Główną część każdego rozdziału stanowią zadania komunikacyjne, których celem jest rozwijanie płynności i swobody w mówieniu. Służą temu m.in. przykładowe schematy oraz różnorodne bodźce wizualno-tekstowe, pomagające zaplanować treść wypowiedzi. Zadania te zostały ułożone w kolejności od najbardziej ustrukturyzowanych do tych wymagających samodzielności i kreatywności uczącego się. W drugiej części podręcznika (dla poziomu A2) każdy rozdział zamyka zestaw przykładowych zadań certyfikatowych z modułu mówienie. Strukturą odpowiadają one tym obowiązującym podczas egzaminu ustnego (zob. www.certyfikatpolski.pl), ale w podręczniku zostały rozbudowane w taki sposób, aby przygotować uczącego się do ich realizacji. Do pierwszej jednostki lekcyjnej na poziomie A2 zostały dołączone nagrania modelowych wypowiedzi egzaminacyjnych, które mogą posłużyć uczącemu się jako wzorzec.

W każdej jednostce lekcyjnej znajdują się ponadto różne informacje pomocnicze: gramatyczno-leksykalne, stylistyczne i kulturowe. Te ostatnie występują w treści zadań oraz jako dodatkowe informacje.

W podręczniku realizowane są działania językowe obejmujące recepcję, produkcję, interakcję i mediację, a zastosowane techniki pracy to m.in.: wnioskowanie na podstawie materiałów graficznych, przygotowywanie komiksów, pytania i odpowiedzi, opis sytuacji, streszczenie, wypowiedź według podanego schematu, wywiad, symulacje sytuacji i odgrywanie ról, wypowiedzi na podstawie materiałów autentycznych (np. plakatów, ulotek, infografik, fotografii, diagramów i wykresów), wypowiedź na podstawie tekstu (np. artykułów prasowych i internetowych oraz fragmentów książek), prezentacja.

Mamy nadzieję, że podręcznik *Mówię po polsku. Ćwiczenia dla obcokrajowców. Poziom A1 i A2* będzie przydatną pomocą w rozwijaniu sprawności mówienia na różnego typu kursach oraz podczas zajęć konwersacyjnych, a także ułatwi przygotowanie się do egzaminu certyfikatowego z języka polskiego jako obcego.

Autorki

Monika Gworys – doktor nauk humanistycznych, absolwentka filologii polskiej oraz dziennikarstwa i komunikacji społecznej, lektorka języka polskiego jako obcego, związana z systemem certyfikacji języka polskiego jako obcego jako egzaminatorka, audytorka i autorka zadań. Prowadziła zajęcia z języka polskiego jako obcego w Polsce i za granicą (Finlandia). Przebywała na stypendium w Chinach. Autorka publikacji z zakresu glottodydaktyki polonistycznej. Interesuje się metodyką nauczania języków obcych dorosłych i dzieci. Współzałożycielka *Stowarzyszenia na Rzecz Promocji Języka Polskiego i Edukacji Międzykulturowej „Kontynenty"*.

Anna Mądrecka – absolwentka filologii polskiej, hiszpańskiej oraz dziennikarstwa i komunikacji społecznej, lektorka języka polskiego jako obcego, związana z systemem certyfikacji języka polskiego jako obcego jako egzaminatorka, audytorka, wizytatorka i autorka zadań. Prowadziła zajęcia z języka polskiego jako obcego i kultury w Polsce i za granicą (Hiszpania, Łotwa, Rosja, Ukraina). Autorka publikacji z zakresu glottodydaktyki polonistycznej. Interesuje się dydaktyką kultury. Współzałożycielka *Stowarzyszenia na Rzecz Promocji Języka Polskiego i Edukacji Międzykulturowej „Kontynenty"*.

A1

opis poziomu	A1
ESOKJ (opis ogólny poziomu)	„Osoba posługująca się językiem na tym poziomie rozumie i potrafi stosować potoczne wyrażenia i bardzo proste wypowiedzi dotyczące konkretnych potrzeb życia codziennego. Potrafi formułować pytania z zakresu życia prywatnego, dotyczące np.: miejsca, w którym mieszka, ludzi których zna i rzeczy, które posiada oraz odpowiadać na tego typu pytania. Potrafi przedstawiać siebie i innych. Potrafi prowadzić prostą rozmowę pod warunkiem, że rozmówca mówi wolno, zrozumiale i jest gotowy do pomocy". (Źródło: Europejski system opisu kształcenia językowego 2003:33)
ESOKJ (mówienie)	„Interakcja: Potrafi brać udział w rozmowie pod warunkiem, że rozmówca jest gotów powtarzać lub inaczej formułować swoje myśli, mówiąc wolniej oraz pomagając jej / mu ująć w słowa to, co usiłuje powiedzieć. Potrafi formułować proste pytania dotyczące najlepiej jej / mu znanych tematów lub najpotrzebniejszych spraw i odpowiadać na tego typu pytania. Produkcja: Potrafi używać prostych wyrażeń i zdań, aby opisać miejsce, gdzie mieszka oraz ludzi, których zna". (Źródło: Europejski system opisu kształcenia językowego 2003:34-35)

1. JESTEM INŻYNIEREM — *autoprezentacja* A1

 1

Reporter z lokalnego radia prowadzi sondę uliczną. Teraz pani / panu zadaje pytania. Najpierw proszę dopasować pytania do odpowiedzi i przeczytać mini-dialogi, a następnie wcielić się w rolę dziennikarza i zadać te pytania koleżance / koledze.

- Ile pani / pan ma lat?
- Kim pani / pan jest z zawodu?
- Jak pani / pan się nazywa?
- Jak pani / pan ma na imię?
- Skąd pani / pan jest?
- Gdzie pani / pan mieszka?
- Jaki pani / pan ma adres?
- Jakie pani / pan zna języki?
- Jaki pani / pan ma numer telefonu?

Przykład:
– Jak się pani / pan nazywa?
– Nazywam się Michalak / Wysocki / …

Mam na imię Ewa / Michał /…..   Nazywam się Michalak / Wysocki /…..   Jestem z Polski / Ukrainy / USA /…..
Znam polski / angielski / niemiecki /….. ALBO Mówię po polsku / po angielsku / po niemiecku /…..
Mieszkam w Warszawie / w Krakowie / w Gdańsku / we Wrocławiu /…..
Jestem inżynierem / studentką….. (+ *Narzędnik*)
Mam 18 lat / 54 lata /…..   Mój adres to ulica / plac / aleja…..   Mój numer telefonu to 765 342 851 /…..

 2

Jest pani / pan na lekcji języka polskiego. Do pani / pana grupy dołączył nowy student. Proszę się przedstawić, a potem przedstawić (zaprezentować) innych studentów z pani / pana grupy: Song Yong, Bartka i Aynur.

IMIĘ:	Song Yong	Bartek	Aynur
NAZWISKO:	Kim	Drzewiecki	Oruç
KRAJ:	Korea	Niemcy	Turcja
WIEK:	23	45	67
ZAWÓD/ZAJĘCIE:	studentka	biznesmen	emerytka
JĘZYKI:	koreański, chiński, angielski	niemiecki, angielski, francuski	turecki, arabski, francuski

Przykład: Ona ma na imię Song Yong. Nazywa się Kim. Song Yong jest z Korei. Ona ma 23 lata i jest studentką. Zna koreański, chiński i angielski. / Mówi po koreańsku, po chińsku i po angielsku.

TRZEBA PAMIĘTAĆ

BYĆ
(ja) jestem   (my) jesteśmy
(ty) jesteś   (wy) jesteście
on / ona / ono jest   oni / one są

TRZEBA PAMIĘTAĆ

MIEĆ
(ja) mam   (my) mamy
(ty) masz   (wy) macie
on / ona / ono ma   oni / one mają

TRZEBA PAMIĘTAĆ

MIESZKAĆ
(ja) mieszkam   (my) mieszkamy
(ty) mieszkasz   (wy) mieszkacie
on / ona / ono mieszka   oni / one mieszkają

TRZEBA PAMIĘTAĆ

NAZYWAĆ SIĘ
(ja) nazywam się   (my) nazywamy się
(ty) nazywasz się   (wy) nazywacie się
on / ona / ono nazywa się   oni / one nazywają się

TRZEBA PAMIĘTAĆ

ZNAĆ
(ja) znam   (my) znamy
(ty) znasz   (wy) znacie
on / ona / ono zna   oni / one znają

TRZEBA PAMIĘTAĆ

MÓWIĆ
(ja) mówię   (my) mówimy
(ty) mówisz   (wy) mówicie
on / ona / ono mówi   oni / one mówią

3

Jest pierwszy dzień kursu języka polskiego w Krakowie. Proszę zapytać swoją nauczycielkę / swojego nauczyciela i swoją nową koleżankę / nowego kolegę o:

a) imię i nazwisko,
b) zawód,
c) kraj,
d) języki,
e) adres e-mail.

TRZEBA UŻYĆ

Jaki pani / pan ma (adres) e-mail?
Jaki masz (adres) e-mail?
Mój (adres) e-mail to b.kowalik@poczta.pl
. kropka   @ małpa   – myślnik

Przykład:

KONTAKT FORMALNY
*Jak się **pani** / **pan** nazywa?*

4

Oto znani Polacy.

A. Proszę wybrać 3 osoby i zaprezentować je na forum.

Przykład: Lech Wałęsa jest polskim politykiem (+ Narzędnik). Mieszka w Gdańsku. Ma 78 lat.

KONTAKT NIEFORMALNY
*Jak się nazyw**asz**?*

Lech Wałęsa
polityk, 1943 r.
Gdańsk

Małgorzata Musierowicz
pisarka, 1945 r.
Poznań

Anita Włodarczyk
sportowiec, 1985 r.
WARSZAWA

Marek Krajewski
pisarz, 1966 r.
Wrocław

Marek Kondrat
aktor, 1950 r.
Kraków

Beata Kozidrak
piosenkarka, 1960 r.
Lublin

TRZEBA PAMIĘTAĆ

MIESZKAĆ:
w Warszawie
w Krakowie
w Gdańsku
w Poznaniu
w Lublinie
we Wrocławiu

TRZEBA PAMIĘTAĆ

NARZĘDNIK
Kim ona / on jest?
Ona jest pisarką.
On jest pisarzem.

B. Proszę zadać koleżance / koledze po 3 pytania o te osoby:
a) Kim ona / on jest z zawodu?
b) Ile ona / on ma lat?
c) Gdzie ona / on mieszka?

5

Proszę popatrzeć na ilustracje i informacje, a potem proszę zaprezentować tę osobę. Następnie proszę zadać pytania 1–7 koleżance / koledze.

 *Tomasz*

 *Kot*  *21.04.1977*

Przykład: Czy pani / pan wie, jak on ma na imię?
Czy wiesz, jak on ma na imię?
Tak, wiem. On ma na imię Tomasz.

1. Czy wiesz, jak on się nazywa?
2. Czy wiesz, ile on ma lat?
3. Czy wiesz, skąd on jest?
4. Czy wiesz, gdzie on mieszka?
5. Czy wiesz, jakie zna języki?
6. Czy wiesz, kim on jest z zawodu?
7. Czy wiesz, jaki on ma adres e-mail?

TRZEBA PAMIĘTAĆ

**CZY PANI / PAN WIE, …?
CZY WIESZ, …?**

+ Tak, wiem.   – Nie, nie wiem.
+ Oczywiście, wiem.   – Niestety, nie wiem.

(?) Nie jestem pewna / pewny, ale myślę, że…
(?) Być może…
(?) Wydaje mi się, że…

6

Proszę przeczytać dwa razy tekst o Tomaszu Kocie – popularnym polskim aktorze, a potem:

A. proszę zaprezentować najważniejsze informacje.

Tomasz Kot jest popularnym polskim aktorem. Aktor jest z Legnicy (to małe miasto na południowym zachodzie Polski, blisko Wrocławia), ale teraz mieszka w Warszawie (czyli w stolicy Polski). Jego praca to jego hobby. Bardzo lubi grać. Pracuje w teatrze i występuje* w filmach. Jest człowiekiem sukcesu. Bardzo znany film z jego udziałem* to „Zimna wojna". Gra też w filmach zagranicznych. Wszyscy mówią, że ma teraz swoje pięć minut*.

słowniczek

* występować – grać
* udział – rola

IDIOM

* mieć swoje pięć minut – być bardzo popularnym w danym momencie

B. Proszę napisać 5 pytań do tekstu, a potem zadać je koleżance / koledze.

0. *Kim jest Tomasz Kot?* ....?
1. ....?
2. ....?
3. ....?
4. ....?
5. ....?

Proszę krótko przedstawić znaną osobę z pani / pana kraju (6–8 zdań). To może być na przykład aktor, muzyk, pisarz, polityk, malarz.

1. IMIĘ	2. NAZWISKO	3. ZAWÓD	4. KRAJ
5. WIEK	6. JĘZYKI	7. HOBBY	8. SUKCESY

1. Ona / On ma na imię ....
2. Ona / On nazywa się ....
3. Z zawodu jest .... (+ *Narzędnik*).
4. Ona / On jest z .... (+ *Dopełniacz*).
5. Ona / On ma .... lat / lata.
6. Ona / On zna / mówi po ....
7. Ona / On lubi .... (+ *bezokolicznik*).
8. Jej / Jego największy sukces to .... (+ *Mianownik*).

Proszę przeczytać dialog i uzupełnić informacjami o sobie, a potem odegrać go z koleżanką / kolegą.

Przyjechała pani / Przyjechał pan do Polski. Chce pani / pan zapisać się na kurs języka polskiego. Jest pani / pan w sekretariacie szkoły języka polskiego.

SEKRETARKA: Dzień dobry. Słucham.
PANI / PAN: Dzień dobry. Chciałabym / Chciałbym zapisać się na kurs języka polskiego.
SEKRETARKA: Jaki kurs?
PANI / PAN: Nie wiem, a co państwo oferują?
SEKRETARKA: Oferujemy kurs semestralny, intensywny…
PANI / PAN: A co to znaczy, że kurs jest semestralny?
SEKRETARKA: To znaczy, że kurs trwa jeden semestr, a lekcje są dwa razy w tygodniu.
PANI / PAN: Rano czy wieczorem?
SEKRETARKA: Po południu albo wieczorem.
PANI / PAN: Świetnie. Myślę, że kurs semestralny jest dla mnie idealny.
SEKRETARKA: Dobrze, jak się pani / pan nazywa?
PANI / PAN: Nazywam się ....
SEKRETARKA: Przepraszam, jak się pani / pan nazywa? Proszę powtórzyć.
PANI / PAN: ....
SEKRETARKA: Proszę przeliterować nazwisko.
PANI / PAN: ....
SEKRETARKA: Dziękuję, teraz rozumiem. Skąd pani / pan jest?
PANI / PAN: Jestem z ....
SEKRETARKA: Gdzie pani / pan mieszka?
PANI / PAN: Mieszkam w ....
SEKRETARKA: A w Polsce? Jaki ma pani / pan adres w Polsce?
PANI / PAN: Mój adres to ....
....
SEKRETARKA: Pani / Pana numer telefonu?
PANI / PAN: Mój polski numer to ....
SEKRETARKA: A adres e-mail?
PANI / PAN: ....@................................ .
SEKRETARKA: Świetnie. Tu jest plan lekcji, a tutaj informacje o kursie. Zapraszamy w poniedziałek na pierwszą lekcję!
PANI / PAN: Dziękuję. Do widzenia.
SEKRETARKA: Dziękuję. Do zobaczenia.

2 LUBIĘ NOSIĆ DŻINSY

człowiek – wygląd zewnętrzny, ubrania, cechy charakteru

 1

Jak on wygląda? Jak ona wygląda?

A. Proszę wpisać słowa w odpowiednim miejscu w tabeli.

> blondyn(ka)   zgrabny/a   niski/a   sympatyczny/a   szczupły/a   szatyn(ka)
> rudy/a   wysoki/a   leniwy/a   gruby/a   brunet(ka)   wysportowany/a
> miły/a   kreatywny/a   długie   średniego wzrostu   krótkie   spokojny/a   aktywny/a
> nerwowy/a   pracowity/a   tęgi/a   ambitny/a   spontaniczny/a   niemiły/a

SYLWETKA	WŁOSY	WZROST	CHARAKTER
zgrabny/a			

B. Proszę napisać, jaka to kategoria.

> dżinsy   sukienka   spodnie   garnitur   kostium   spódnica   żakiet
> marynarka   bluzka   koszulka   buty   szpilki   sandały   kozaki   adidasy
> rajstopy   skarpetki   bluza z kapturem   koszula   szorty   kurtka   czapka
> szalik   rękawiczki   płaszcz   krawat   bokserki   biustonosz / stanik

UBRANIA I OBUWIE		
Które ubrania są typowo DAMSKIE (dla pani)?	Które ubrania są typowo MĘSKIE (dla pana)?	Które ubrania są UNIWERSALNE (i dla pani, i dla pana)?
		dżinsy

C. Proszę powiedzieć, jak oni wyglądają. Jakie mają włosy, sylwetkę, wzrost? Jak są ubrani? Jak pani / pan myśli, jaki mają charakter?

Fot. 0   Fot. 1   Fot. 2   Fot. 3   Fot. 4

Przykład: Fot. 0. Ona jest szczupła i wysoka. Jest blondynką. Ona ma na sobie białą koszulkę i dżinsowe, niebieskie szorty. Ma też białe, sportowe buty. Myślę, że ona jest spontaniczna i aktywna.

WARTO UŻYĆ

Czy pamiętasz?

KOLORY

biały   czarny   żółty
pomarańczowy   czerwony
zielony   niebieski
fioletowy   brązowy   szary

TRZEBA PAMIĘTAĆ

KONSTRUKCJE

Ona jest blondynką. *(+ Narzędnik)*
Ona jest niska. *(+ Mianownik)*
Ona jest szczupła. *(+ Mianownik)*
Ona ma na sobie *(+ Biernik)* sukienkę i szpilki.
Myślę, że ona jest miła i ładna. *(+ Mianownik)*

On jest blondynem. *(+ Narzędnik)*
On jest niski. *(+ Mianownik)*
On jest szczupły. *(+ Mianownik)*
On ma na sobie *(+ Biernik)* dżinsy i koszulę.
Myślę, że on jest miły i przystojny. *(+ Mianownik)*

2

Proszę przedstawić osoby z fotografii i powiedzieć, jaka tam jest pora roku. Dlaczego pani / pan tak myśli?

Sven, Norwegia, 68 lat

On ma na imię Sven i jest z Norwegii. Ma 68 lat. On ma siwe włosy i niebieskie oczy. Myślę, że tam jest zima, bo Sven ma na sobie ciepłą, szarą kurtkę. Widzę też, że pada śnieg.

Mei, Chiny, 22 lata

Luis, Argentyna, 34 lata

Sabina, Polska, 30 lat

3
Proszę powiedzieć, co powinna mieć na sobie osoba, która:

– idzie na randkę,
– idzie na egzamin,
– idzie na urodziny,
– idzie na rozmowę o pracę,
– jedzie w góry zimą,
– jedzie nad morze latem.

> **TRZEBA PAMIĘTAĆ**
> Myślę, że ta osoba powinna mieć na sobie *(+ Biernik)...*, bo...

Przykład: Myślę, że osoba, która idzie na randkę, powinna mieć na sobie eleganckie ubranie. Jeśli to jest kobieta, to powinna mieć na sobie sukienkę i buty na wysokim obcasie. Jeśli to jest mężczyzna, to powinien mieć na sobie koszulę i eleganckie, ciemne spodnie. Może mieć sportowe buty.

4

Jest pani / pan w sklepie odzieżowym. Rozmawia pani / pan ze sprzedawcą. Proszę uzupełnić dialogi zdaniami z ramki, a potem odegrać role klientki / klienta i sprzedawcy z koleżanką / kolegą.

• W SKLEPIE ODZIEŻOWYM •

PRZYMIERZALNIA

KLIENTKA: Dzień dobry, chciałabym przymierzyć tę niebieską bluzkę.
SPRZEDAWCZYNI: ....¹
KLIENTKA: 38.
SPRZEDAWCZYNI: Proszę, to pani rozmiar.
KLIENTKA: ....²
SPRZEDAWCZYNI: Tam, proszę iść prosto i w lewo.
KLIENTKA: Dziękuję.
(po chwili)
SPRZEDAWCZYNI: I jak bluzka? Jak rozmiar 38? Pasuje?
KLIENTKA: ....³
SPRZEDAWCZYNI: Przykro mi, nie mamy. W rozmiarze 36 mamy tylko białe i różowe.
KLIENTKA: ....⁴
SPRZEDAWCZYNI: Oczywiście, proszę, biała, rozmiar 36.
KLIENTKA: Dziękuję.
(po chwili)
SPRZEDAWCZYNI: Jak biała bluzka?
KLIENTKA: ....⁵
SPRZEDAWCZYNI: Świetnie. Kasy są przy wejściu.

KASA

KLIENTKA: Dzień dobry. Proszę tę bluzkę.
SPRZEDAWCZYNI: ....⁶
KLIENTKA: Kartą proszę.
SPRZEDAWCZYNI: ....⁷
KLIENTKA: Tak, poproszę.
SPRZEDAWCZYNI: Proszę bardzo, to pani zakupy, do widzenia, zapraszamy ponownie.
KLIENTKA: Dziękuję, do widzenia.

> Pasuje. Jest w sam raz.
> Czy mogę przymierzyć białą?
> Niestety, jest za duża. Czy jest mniejszy rozmiar?
> Jaki pani ma rozmiar?
> Dziękuję. Czy doliczyć papierową torbę na zakupy?
> Dzień dobry. Płaci pani kartą czy gotówką?
> Dziękuję. Gdzie jest przymierzalnia?

> **TRZEBA PAMIĘTAĆ**
> **CZY MOGĘ PRZYMIERZYĆ ... ?**
>
> Chciałabym / Chciałbym przymierzyć → ten zielony sweter.
> Czy mogę przymierzyć *(+ Biernik)* → tę białą bluzkę.
> → to czarne bikini.

> **TRZEBA PAMIĘTAĆ**
> **JEST ZA...**
>
> Niestety, nie pasuje.
> Jest za mały/a/e. – Jest za duży/a/e.
> Jest za krótki/a/ie. – Jest za długi/a/ie.
> Jest za szeroki/a/ie. – Jest za wąski/a/ie.
> Jest za luźny/a/e. – Jest za obcisły/a/e.

> **TRZEBA PAMIĘTAĆ**
> **CZY JEST...?**
>
> duży – większy
> mały – mniejszy
> krótki – krótszy
> długi – dłuższy
> tani – tańszy
> drogi – droższy

5

Proszę przygotować z koleżanką / kolegą dwa dialogi (A i B) „W sklepie odzieżowym". Proszę używać słów z fotografii i ramek. Następnie proszę odegrać te dialogi.

A.

- kasy są po lewej stronie
- gotówką
- torba: tak

B.

- kasy są po prawej stronie
- kartą
- torba: nie

6

Komplementy po polsku.

Proszę:
A. uzupełnić dialogi wybranymi wyrażeniami z ramki (ramka jest na następnej stronie).

DIALOG A:

DIALOG B:

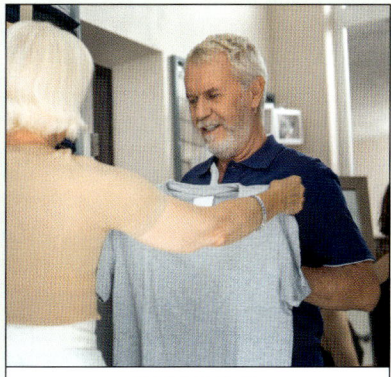
DIALOG C:

Chłopak: *Wyglądasz fantastycznie!*
Dziewczyna: *Dziękuję bardzo.*

Koleżanka: ....
Koleżanka: ....

Ekspedientka: ....
Klient: ....

B. powiedzieć komplement koleżance, która siedzi obok / koledze, który siedzi obok.

TRZEBA PAMIĘTAĆ
JAK POWIEDZIEĆ KOMPLEMENT?

Wyglądasz (w tym) / Wygląda pani / pan (w tym) → świetnie. / fantastycznie. / bardzo dobrze.

Pasuje ci, pani / panu → ten krawat. / ta koszulka. / to bikini.

Pasują ci, pani / panu → te spodnie. / te dżinsy. / te rękawiczki.

Podoba mi się → twój, pani / pana szalik. / twoja, pani / pana czapka. / twoje, pani / pana bikini.

Podobają mi się → twoje, pani / pana spodnie. / twoje, pani / pana dżinsy. / twoje, pani / pana skarpetki.

Fajny sweter! / Fajna spódnica! / Fajne bikini! / Fajne dżinsy!

Ale ładny! / Ale ładna! / Ale ładne! / Ale ładne!

Jaki ładny sweter! / Jaka ładna spódnica! / Jakie ładne bikini! / Jakie ładne dżinsy!

TRZEBA PAMIĘTAĆ
JAK ZAREAGOWAĆ NA KOMPLEMENT?
– Dziękuję! To bardzo miłe.
– Dziękuję! Miło mi to słyszeć.
– Naprawdę? Bardzo dziękuję.
– Serio? Dzięki!

7

A. Proszę przeczytać informacje, a potem powiedzieć, jakie wzory i materiały pani / pan lubi i dlaczego.

WZORY: gładki (bez wzorów) / we wzory / w kwiaty / w kropki / w paski / w kratkę

MATERIAŁY: bawełna (bawełniany/a/e) / wełna (wełniany/a/e) / len (lniany/a/e) / skóra (skórzany/a/e) / syntetyk (syntetyczny/a/e)

Przykład:
Latem lubię naturalne materiały. Moja ulubiona sukienka jest lniana, a ulubiona spódnica bawełniana. Lubię ubrania w kwiaty, bo są optymistyczne i ubrania w kropki, bo myślę, że są eleganckie.

B. **Proszę przeczytać fragment artykułu prasowego.**

Uwaga! Włamanie* do Muzeum Narodowego w Krakowie. Zrabowano słynny* obraz* Leonarda da Vinci „Dama z łasiczką"!

słowniczek

* włamanie – wejść do budynku i zrabować coś
* słynny – znany, popularny
* obraz – artysta, malarz maluje obrazy

To są podejrzani. Proszę wybrać jedną osobę, nie mówić głośno, jak ma na imię, ani ile ma lat. Proszę opisać, jak wygląda. Koleżanka / kolega zgaduje, kto to jest.

Adam, 41 lat	Grzegorz, 64 lata	Mariusz, 39 lat	Aneta, 32 lata	Klara, 29 lat	Sandra, 30 lat	Weronika, 19 lat

8

A. **Proszę opowiedzieć, jaki / jaka jest pani / pana ulubiony aktor / ulubiona aktorka. Proszę uzupełnić schemat wypowiedzi.**

Imię i nazwisko:
Kraj:
Wiek:
Wygląd:
Charakter:
Styl ubierania się:

B. **Proszę powiedzieć, jaka powinna być idealna / jaki powinien być idealny:**

- student/ka
- nauczyciel/ka
- sąsiad/ka
- przyjaciel / przyjaciółka
- chłopak / dziewczyna

TRZEBA PAMIĘTAĆ

Ona powinna być... i... / On powinien być... i...
Ona nie powinna być ani..., ani... / On nie powinien być ani..., ani...

Przykład: Moim zdaniem idealna studentka powinna być ambitna i aktywna. Nie powinna być…

3 MAM SIOSTRĘ I BRATA

rodzina

1

To jest rodzina państwa Domańskich. Proszę przedstawić wszystkich członków rodziny z perspektywy Kacpra, a potem z perspektywy Lucyny.

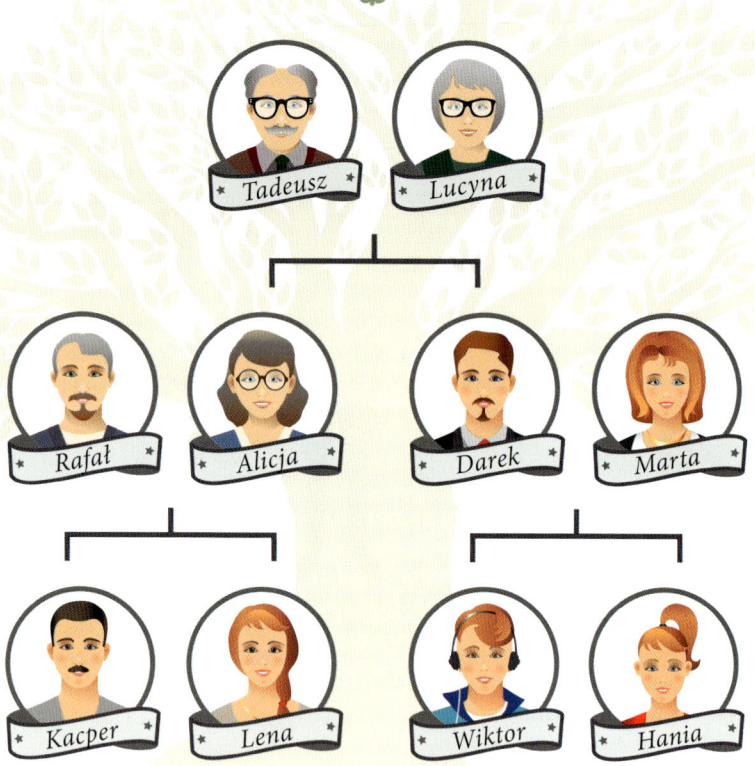

To jest Kacper Domański i jego rodzina. Alicja to jego *mama*[0], a Rafał to jego ....[1] Lena to jego ....[2]. Lucyna to jego ....[3], a Tadeusz to jego ....[4]. Marta to jego ....[5], a Darek to jego ....[6]. Hania to jego ....[7], a Wiktor to jego ....[8].

To jest Lucyna Domańska i jej rodzina. Tadeusz to jej ....[9]. Alicja to jej ....[10], a Rafał to jej zięć*. Darek to jej ....[11], a Marta to jej ....*[12]. Kacper to jej starszy ....[13], Wiktor to jej młodszy ....[14], Lena to jej starsza ....[15], Hania to jej młodsza ....[16].

słowniczek

* *zięć – mąż córki*
* *synowa – żona syna*

TRZEBA PAMIĘTAĆ

Czyj? Czyja? Czyje?
ja: mój / moja / moje / moi
ty: twój / twoja / twoje / twoi
on, ono: jego
ona: jej
my: nasz / nasza / nasze / nasi
wy: wasz / wasza / wasze / wasi
oni / one: ich

MÓJ – przykłady:
To jest mój syn. To są moi synowie.
To jest moja córka. To są moje córki.
To jest moje dziecko. To są moje dzieci.
TWÓJ – przykłady:
To jest twój brat. To są twoi bracia.
To jest twoja siostra. To są twoje siostry.
To jest twoje dziecko. To są twoje dzieci.

2
Proszę popatrzeć jeszcze raz na rodzinę państwa Domańskich i połączyć kolumnę A z kolumną B.

A

1. Rafał i Alicja to dla Kacpra i Leny
2. Kacper i Lena albo Wiktor i Hania to
3. Tadeusz i Lucyna to dla Kacpra, Leny, Wiktora i Hani
4. Alicja i Rafał, Marta i Darek albo Lucyna i Tadeusz to

B

A. dziadkowie
B. rodzice
C. małżeństwo
D. rodzeństwo

Teraz proszę patrzeć tylko na drzewo genealogiczne i opowiedzieć o tej rodzinie.

3
Kim są państwo Domańscy? Co lubią robić? Czym się interesują? Proszę połączyć opis każdej osoby z 3 ilustracjami. Potem proszę zaprezentować te osoby.

Alicja
Jest młodsza od swojego męża o 6 lat. Pracuje w klinice dla zwierząt. Lubi kawę.

52 lata

Rafał
Pracuje w liceum. Jest w średnim wieku. Bardzo lubi włoską kuchnię.

28 lat

Kacper
Jest najstarszy z rodzeństwa. Ma kota na punkcie* komputerów i swojego kota.

15 lat

Lena
Jest młoda, ładna i ambitna. Kocha czytać.

58 lat

Wiktor
To najmłodszy wnuk Tadeusza i Lucyny. Uczy się w szkole podstawowej. Jest bardzo wysportowany.

23 lata

*IDIOM

* mieć kota na punkcie (czegoś) – bardzo lubić, kochać

Przykład: *Alicja jest żoną Rafała i mamą Kacpra i Leny. Ona ma 52 lata i jest weterynarzem. Na pewno lubi zwierzęta. Myślę, że codziennie do późna pracuje w przychodni dla zwierząt, dlatego pije dużo kawy.*

4

Kacper poznaje nową koleżankę. Koleżanka jest bardzo ciekawa, jaka jest jego rodzina, dlatego pyta o nią. Proszę przygotować dialog, a potem go zaprezentować. Część informacji jest w zadaniach numer 1, 2 i 3, a pozostałe informacje można dodać samodzielnie, np. o babci i dziadku.

Przykład: – *Jak ma na imię twoja mama?*
– *Moja mama ma na imię Alicja.*
– …

TRZEBA PAMIĘTAĆ

NARZĘDNIK **Kim? Czym?**	**BIERNIK** **Kogo? Co?**
Kim ona / on jest z zawodu? Ona jest nauczycielką / On jest nauczycielem. Czym ona / on się interesuje? Ona / On interesuje się teatrem współczesnym / piłką nożną / kinem polskim.	Czy masz…? Mam brata / siostrę / dziecko. Co on / ona lubi oglądać / czytać / jeść / pić? On / Ona lubi czytać dobrą literaturę / oglądać coś ciekawego / jeść włoską pizzę / pić czerwone wino.

5

Oto trzy znane polskie rodziny.

A. Proszę popatrzeć na 3 fotografie i odpowiedzieć na pytania. Proszę używać słów z ramki.

Rodzina Mateusza Damięckiego

Rodzina Zbigniewa Grycana

Rodzina Agnieszki Radwańskiej

1. Jak oni wyglądają?
2. Jak pani / pan myśli:
   a) ile lat mają osoby na fotografii numer 1?
   b) kim są z zawodu?
   c) czym się interesują?

1. Jak oni wyglądają?
2. Jak pani / pan myśli:
   a) kto jest na fotografii numer 2?
   b) ile lat mają te osoby?
   c) kim są z zawodu?

1. Jak oni wyglądają?
2. Jak pani / pan myśli:
   a) kto jest na fotografii numer 3?
   b) kim oni są z zawodu?
   c) czym się interesują?

> aktor / aktorka   sportowiec   producent lodów
> sport   teatr   lody
> młody/a   stary/a   ładna   przystojny   wysoki/a
> niski/a   średniego wzrostu   szczupły/a   gruby/a
> wysportowany/a   wesoły/a   smutny/a

Przykład: Myślę, że na fotografii numer 1 są mama, córka i syn z żoną.

B. Proszę poszukać w internecie informacji na temat:
a. rodziny Mateusza Damięckiego,
b. rodziny Zbigniewa Grycana,
c. rodziny Agnieszki Radwańskiej.

Następnie proszę zaprezentować każdą rodzinę w 3–4 zdaniach.

6

Proszę opowiedzieć o znanej rodzinie z pani / pana kraju. Jak się nazywają? Ile mają lat? Kim są? Dlaczego są znani?

7

Jaka jest ta rodzina?

 A. Proszę przeczytać tekst na głos. Ilustracje proszę zastąpić słowami.

B. Proszę wybrać 5 informacji z tekstu i zapytać o nie koleżankę / kolegę.

Przykład: – Jaka jest Edyta Winiarska?
– Ona jest bardzo energiczna, ale…
– …

C. Proszę opowiedzieć o tej rodzinie z perspektywy Tobiasza, Doroty, a potem z perspektywy Bartka.

Przykład: Mam na imię Tobiasz, mam 56 lat i jestem mechanikiem…

Nazywam się Edyta Winiarska. Mam 45 lat. Pracuję jako . Jestem bardzo energiczna, ale nie jestem . Lubię być zajęta. Dużo pracuję, a w wolnym czasie jeżdżę na z moim mężem. Mój mąż ma na imię Tobiasz. Ma 56 lat. Jest mechanikiem. Reperuje  i motocykle. Lubi sport. Interesuje się i . Mamy córkę. Ma na imię Dorota. Ma 21 lat i jest . Myślę, że jest bardzo ładna. Jest wysoka, szczupła i , ale ona myśli inaczej. Interesuje się . Ma chłopaka Bartka. To chyba coś poważnego.

8

Jaka jest pani / pana rodzina?

A. Proszę zrobić notatki, a potem opowiedzieć o swojej rodzinie koleżance / koledze.

B. Proszę zanotować informacje o rodzinie koleżanki / kolegi.

WARTO UŻYĆ

Jakie / Ale ładne imię!
To dobry zawód, prawda?
Ale fajnie!
Super!

WARTO UŻYĆ

Czy możesz przeliterować to słowo?
Czy możesz mówić wolniej?
Czy możesz powtórzyć?
Nie rozumiem. Jak ma na imię twoja siostra?
Nie pamiętam, ile lat ma twój tata. Czy możesz powtórzyć?

WARTO UŻYĆ

Przykro mi.
To smutne.
Ojej, naprawdę?

4 MOJE ŚNIADANIE, MÓJ OBIAD, MOJA KOLACJA

jedzenie

1

Co to jest?

Proszę dopasować słowa z ramki do kategorii: owoce, warzywa, napoje, dania, inne (produkty).

chleb   ~~cytryna~~   pomarańcza   zupa pomidorowa
ziemniaki   sól   cukier   kawa   lody   herbata
banan   jabłko   pomidor   cebula   bułka
kotlet z frytkami   kurczak z ryżem   gruszka
wino czerwone   dżem   woda   sok jabłkowy   szynka
masło   ciasto   piwo   ser żółty   jajko   pierogi

OWOCE	**WARZYWA**	**NAPOJE**	**DANIA**	**INNE (PRODUKTY)**
cytryna				

Jakie pani / pan zna inne produkty spożywcze?

2

Co oni lubią jeść? Co oni lubią pić?
Proszę dokończyć zdania.

TRZEBA PAMIĘTAĆ
BIERNIK

Lubię...
Lubię jeść...   (+ co?) wod**ę**, sok, piwo, kurczak**a**
Lubię pić...

a. Lubię jeść *zupę pomidorową*.

b. Lubisz jeść ....?

c. Anna lubi pić  ....

d. Krzysiek lubi jeść  ....

e. Moje dziecko lubi pić 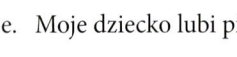 ....

f. Lubimy pić  ....

g. Lubicie jeść  ....?

h. Iwona i Marta lubią pić  ....

i. Marek i Tomek lubią jeść  ....

j. Oni lubią jeść ....

3

Proszę powiedzieć, co oni lubią (+), a czego nie lubią (–) jeść i pić.

> **TRZEBA PAMIĘTAĆ**
>
> **BIERNIK i DOPEŁNIACZ**
> Lubić + **Biernik**
> Nie lubić + *Dopełniacz*

	MIECZYSŁAW	BARTEK	KAROLINA
ciemny chleb	+	–	+
sok jabłkowy	+	+	–
kurczak	–	+	–
szynka	+		+
zielona herbata	–	–	+
biała czekolada	+	+	–
cebula	+	–	+
świeże mleko	+	–	–
jasne piwo	–	Jest za młody 😊	+

Przykład: Mieczysław lubi ciemny chleb i sok jabłkowy, ale nie lubi kurczaka. Lubi też…

Proszę powiedzieć:
Co pani / pan lubi jeść? **Czego pani / pan nie lubi jeść?**
Co pani / pan lubi pić? **Czego pani / pan nie lubi pić?**

4

Proszę zapytać koleżankę / kolegę:
Czy lubisz jeść…?
Czy lubisz pić…?

Przykład:
– *Czy lubisz jeść czekoladę?*
– *Tak, lubię jeść czekoladę.*
albo
– *Nie, nie lubię jeść czekolady.*

5 Śniadanie, obiad czy kolacja? Proszę przeczytać teksty i powiedzieć, o jakich posiłkach oni mówią. Proszę użyć słów z ramki.

1. Zwykle jem .... o 7:00, a w weekend o 9:00. Lubię jeść płatki z mlekiem albo tosty. Od czasu do czasu robię naleśniki. Zwykle piję sok pomarańczowy albo wodę.

2. Zwykle jem .... po pracy, o 15:00 albo o 16:00. Moje ulubione danie to kotlet schabowy z ziemniakami i z sałatką. Lubię też kurczaka. Rzadko jem makaron. Nie lubię pierogów.

3. Zwykle jem .... wieczorem, ale nie bardzo późno, bo to jest niezdrowe. Nie mam ulubionego dania. Często jem kanapkę z szynką i z pomidorem. Czasami omlet. Piję herbatę z cytryną, ale bez cukru.

> obiad   kolację
> śniadanie

Proszę powiedzieć, co pani / pan:
- je i pije na śniadanie?
- je i pije na obiad?
- je i pije na kolację?

6

Na fotografiach można zobaczyć tradycyjne śniadanie polskie, włoskie, chińskie i amerykańskie.

A. Proszę porównać te śniadania. Proszę używać słów z ramki.

> naleśniki   sos sojowy   jajko na miękko   rogalik   tofu
> bułka   bekon   parówki   jajka sadzone   smażony makaron / ryż

A jakie jest typowe śniadanie w pani / pana kraju?

Przykład: Śniadanie polskie to…, a śniadanie włoskie to… .

B. Jest pani / pan w domu u swojej koleżanki / swojego kolegi z Polski. Ona / On przygotowała / przygotował dla pani / pana śniadanie. Bardzo pani / panu smakuje. Proszę powiedzieć koleżance / koledze komplement. Proszę dokończyć dialog.

> Bardzo smaczne.   Pycha!
> Niebo w gębie!   Pyszne!
> Bardzo mi smakuje.
> Wyśmienite!   Znakomite!

Przykład:
– Przygotowałam / Przygotowałem dla ciebie typowe polskie śniadanie. Smakuje ci?
– Tak, niebo w gębie*! A to, co to jest?
– …

✱ IDIOM

* niebo w gębie – pyszne, bardzo smaczne

C. **Proszę przeczytać tekst, a potem podpisać ilustracje słowami z tekstu.**

ŚNIADANIE WIELKANOCNE

Zwykle na śniadanie Polacy jedzą kanapki i piją kawę albo herbatę, nie jedzą zupy. Jest jednak jeden dzień w roku, kiedy to jest możliwe, bo taka jest tradycja – ten dzień to Niedziela Wielkanocna (nazywana też Wielką Niedzielą). Wielkanoc to święto ruchome, dlatego Polacy świętują je w marcu albo w kwietniu (co roku to jest inna data). Jakie są tradycje? W sobotę rodzina maluje jajka, dekoruje koszyk, wkłada potem do niego pisanki (czyli malowane jajka), chleb, babkę (tradycyjne ciasto wielkanocne), mięso, sól, chrzan i baranka z masła albo z cukru. Z tym koszykiem rodzina idzie do kościoła i tam modli się. W niedzielę cała rodzina je razem uroczyste świąteczne śniadanie. Najpierw wszyscy dzielą się święconką (czyli pokarmami z koszyka), a potem zaczynają jeść śniadanie. Na stole są wtedy różne potrawy: zupa (żurek), jajka, biała kiełbasa, sałatka, a na deser słodkie ciasto – mazurek. W Poniedziałek Wielkanocny jest tradycja polewania się wodą. Wielkanoc to święto religijne i bardzo rodzinne.

Przykład:

W sobotę rodzina maluje jajka.
Kolorowe jajka to pisanki.

1. ....

2. ....

3. ....

D. **Na podstawie tekstu proszę opowiedzieć o śniadaniu wielkanocnym w Polsce.**

E. **Jakie są tradycyjne potrawy przygotowywane na najważniejsze święta w pani / pana kraju? Proszę o nich opowiedzieć.**

7

Idziemy do restauracji.
Proszę przeczytać menu i odpowiedzieć na pytania.

Restauracja *Palce lizać**

ZUPY

rosół   12,00 zł
zupa pomidorowa   13,00 zł
zupa ogórkowa   13,00 zł
barszcz czerwony   10,00 zł

DANIA WEGETARIAŃSKIE

naleśniki z serem   17,00 zł
pierogi ruskie   21,00 zł
zapiekanka warzywna z żółtym serem   23,00 zł

DANIA GŁÓWNE

pierogi z mięsem   24,00 zł
bigos   20,00 zł
kopytka z gulaszem   26,00 zł
kotlet schabowy z ziemniakami i surówką   30,00 zł

NAPOJE

herbata (czarna, zielona)   8,00 zł
sok jabłkowy 0,3l   6,00 zł
kompot 0,3l   4,00 zł
kawa czarna   10,00 zł
kawa biała   10,00 zł

DESERY

szarlotka   12,00 zł
sernik   14,00 zł
ciasto dnia   10,00 zł

***IDIOM**

* *palce lizać – bardzo smaczne, pyszne*

a. Ile kosztuje bigos?
b. Czy w menu są dania bez mięsa?
c. Z czym są naleśniki?
d. Jaka herbata jest oferowana w menu?
e. Z czym podawany jest kotlet schabowy?
f. Które danie kosztuje 13 złotych?
g. Jaki sok jest oferowany w menu?

Co pani chciałaby / pan chciałby zamówić? Dlaczego?
Przykład:

Chciałabym / Chciałbym zamówić… *(+ Biernik),*
bo *lubię, bardzo lubię, kocham… (+ Biernik)*

Chciałabym / Chciałbym zamówić *zupę pomidorową,* ***bo*** *bardzo lubię pomidory.*

8

Jest pani / pan w restauracji „Palce lizać".

A. Proszę przeczytać dialog i podkreślić nowe słowa. Potem proszę odegrać ten dialog z koleżanką / kolegą.

B. Proszę przygotować analogiczny dialog z koleżanką / kolegą, a potem go odegrać. Proszę używać menu z ćwiczenia 7.

1. Dzień dobry, co dla państwa?

2. Proszę naleśniki z serem i kompot.

3. A ja proszę zapiekankę warzywną i sok jabłkowy.

4. Nie jestem głodny. Proszę tylko zieloną herbatę. A ty, Maja, na co masz ochotę?

5. Mam ochotę na zupę, ale nie wiem, którą wybrać. Którą zupę pani poleca?

6. Polecam zupę ogórkową. Jest pyszna, na pewno będzie pani smakować.

7. Proszę rachunek. Czy można płacić kartą?

8. Tak, oczywiście. Płacą państwo razem czy osobno?

9. Płacimy razem. Dziękuję.

TRZEBA PAMIĘTAĆ
PROSZĘ + *BIERNIK*
- rosół
- zupę
- ciasto
- pierogi

TRZEBA PAMIĘTAĆ
DLA MNIE + *MIANOWNIK*
- rosół
- zupa
- ciasto
- pierogi

5 PRZEPRASZAM, JAK DOJŚĆ DO RYNKU?

miasto, transport

1

To jest plan miasta.

A. Proszę popatrzeć na plan i powiedzieć, jakie miejsca i obiekty znajdują się w tym mieście.

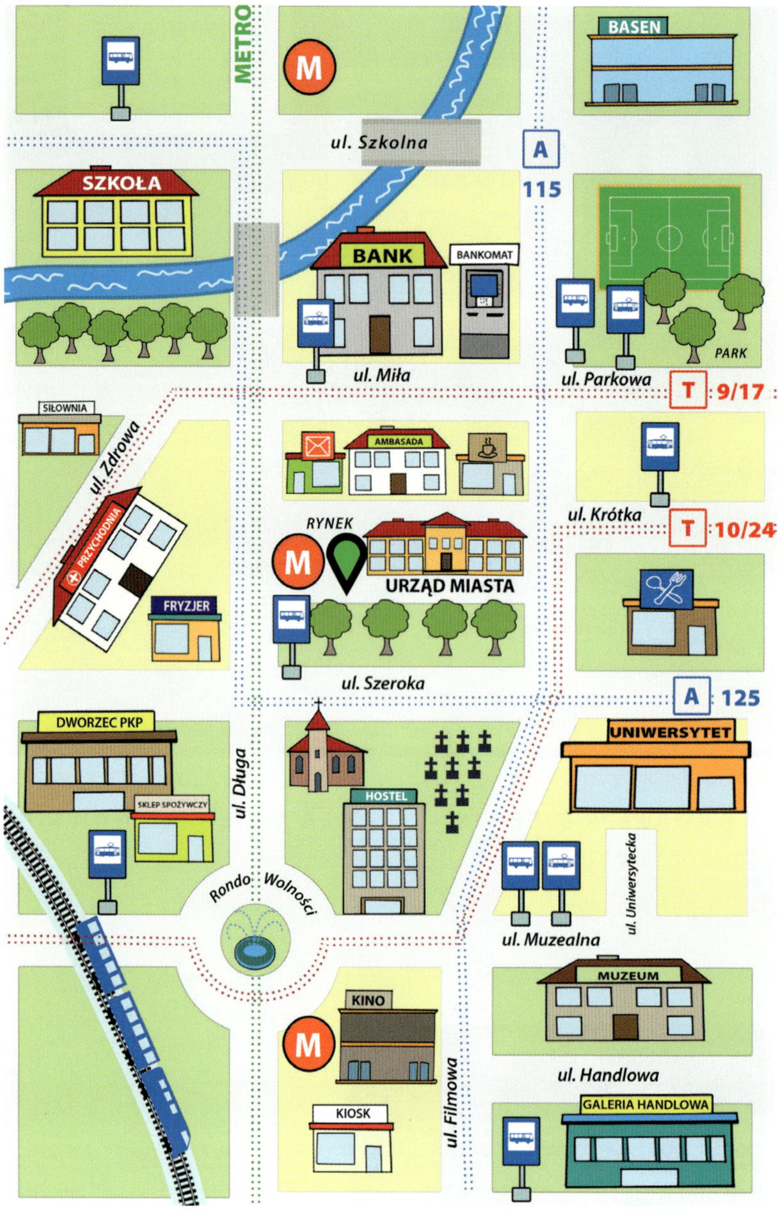

Przykład: Na planie miasta jest ambasada.

B. Stoi pani / pan w miejscu 📍. Proszę powiedzieć, co znajduje się:

a) na wprost,
b) po prawej stronie,
c) po lewej stronie,
d) na rogu.

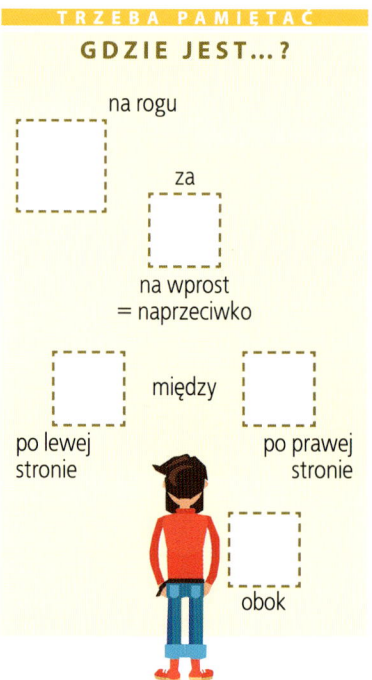

TRZEBA PAMIĘTAĆ

GDZIE JEST...?

na rogu

za

na wprost = naprzeciwko

między

po lewej stronie

po prawej stronie

obok

C. Simona to nowa studentka języka polskiego z Hiszpanii, która nie zna jeszcze miasta. Marek to polski student. Dzisiaj pokazuje Simonie najważniejsze miejsca w mieście. Opowiada jej też o swojej rodzinie. Proszę przeczytać rozmowę Simony i Marka, a potem zaznaczyć na planie z ćwiczenia 1A, gdzie mieszka Marek i jego rodzina. Proszę opowiedzieć o tych lokalizacjach.

Gdzie mieszka / mieszkają…?
- Marek,
- jego rodzice,
- jego siostra,
- dziadkowie,
- kuzyn Marka,
- dziewczyna Marka.

Przykład: Marek mieszka przy ulicy Filmowej, blisko…

SIMONA: Cześć, mam na imię Simona. Bardzo mi miło.
MAREK: Cześć, mam na imię Marek. Miło mi. Dzisiaj pokażę ci miasto. Zobaczysz, gdzie są ważne i ciekawe miejsca. Pokażę ci też, gdzie mieszka moja rodzina. Tutaj mam plan miasta, popatrz.
SIMONA: A gdzie my jesteśmy? Gdzie jest uniwersytet?
MAREK: Jesteśmy w tym miejscu, uniwersytet jest tutaj, blisko centrum. **W centrum jest** rynek, a na nim urząd miasta, poczta, kawiarnia i ambasada. **Jest też** mały skwer*, można tam odpoczywać.
SIMONA: Co jeszcze jest blisko centrum?
MAREK: **Blisko centrum są** też przychodnia, bank i bardzo dobra restauracja. Musisz koniecznie zamówić tam pierogi – są rewelacyjne!
SIMONA: Na pewno spróbuję. A to miejsce, czym można tam dojechać?
MAREK: **Jeśli chodzi o miejsca daleko od centrum, to** trzeba pojechać tam transportem miejskim. **W mieście są** linie tramwajowe, autobusowe, ale często są korki. Na szczęście jest też metro.
SIMONA: To dobrze. A gdzie mogę zrobić zakupy?
MAREK: **Żeby** zrobić duże zakupy, warto pójść do galerii handlowej. Łatwo zapamiętać, bo znajduje się przy ulicy Handlowej. W galerii jest też na przykład apteka, drogeria, optyk, sklep komputerowy.
SIMONA: A dokąd mogę pójść w wolnym czasie?
MAREK: **Jeśli lubisz** pływać, **to** mamy duży basen przy ulicy Szkolnej. Jest otwarty cały rok, **a jeśli interesujesz się** filmem, **to** niedaleko uniwersytetu jest małe kino, które ma ambitny repertuar*.
SIMONA: Masz swoje ulubione miejsce?
MAREK: Tak, mam. **Bardzo lubię chodzić do** parku, bo można tam robić dużo fajnych rzeczy: jeździć na rowerze, na rolkach, biegać. Można też coś zjeść i wypić kawę, bo są food trucki. Jednak myślę, że **moje ulubione miejsce to** kino, o którym ci już mówiłem. Jestem kinomanem, uwielbiam filmy, mogę je oglądać codziennie. Bardzo się cieszę, że **mieszkam blisko** kina, przy ulicy Filmowej. Jest trochę głośno, bo to główna ulica, to pierwszy minus.
SIMONA: A drugi minus?
MAREK: Drugi minus jest taki, że moja dziewczyna mieszka daleko, na rogu ulicy Szkolnej i Filmowej, blisko rzeki. A po drugiej stronie rzeki, naprzeciwko szkoły mieszkają moi dziadkowie.
SIMONA: A twoi rodzice? Gdzie mieszkają? Blisko czy daleko centrum?
MAREK: Myślę, że moi rodzice mieszkają w najlepszym miejscu, bo jest blisko rynku i linii metra. Ich mieszkanie znajduje się blisko przychodni, na rogu ulicy Zdrowej i Długiej. Mają widok na pocztę i cały rynek. Moja siostra mieszka po drugiej stronie rynku, naprzeciwko parku, przy ulicy Parkowej.
SIMONA: To świetne miejsce!
MAREK: Tak, to fajnie, bo kiedy jestem w parku, to zawsze mogę ją odwiedzić. W mieście studiuje też mój kuzyn. Nie jest stąd, dlatego mieszka w akademiku*, o tutaj, na kampusie, na wprost uniwersytetu. Jeśli chcesz, możemy pójść z nim dzisiaj na obiad. Ooo, zobacz, to on, właśnie tu idzie!

słowniczek

* skwer – niewielki teren zielony, blisko placu albo ulicy, mały park
* repertuar – program kina, lista projekcji
* akademik – dom studenta

D. Proszę opowiedzieć o miejscowości, w której pani / pan mieszka. Proszę używać słów / wyrażeń pogrubionych w tekście w ćwiczeniu 1C.

Przykład: Mieszkam w Kaliszu. W centrum jest…

2

Proszę popatrzeć na plan miasta z ćwiczenia 1A i odpowiedzieć na pytania.

Przykład:
1. Co znajduje się na wprost szkoły?
   Przystanek autobusowy.
2. Co znajduje się obok parku?
3. Co znajduje się na rogu ulicy Długiej i Szerokiej?
4. Co znajduje się między pocztą a kawiarnią?
5. Co znajduje się naprzeciwko muzeum?
6. Co znajduje się za kioskiem?
7. Co znajduje się po prawej stronie ulicy Długiej?
8. Co znajduje się po lewej stronie ulicy Filmowej?
9. Co znajduje się obok ronda?
10. Co znajduje się na rogu ulicy Szerokiej i Filmowej?
11. Co znajduje się w centrum rynku?

3

Proszę jeszcze raz popatrzeć na plan miasta z ćwiczenia 1A i dokończyć dialogi.

— Przepraszam, czym można dojechać z dworca do rynku?
— Można tam dojechać tramwajem 10 albo 24.

Przykład

> **TRZEBA PAMIĘTAĆ**
> **JECHAĆ / DOJECHAĆ**
> **z...** *(+ Dopełniacz)*
> **do...** *(+ Dopełniacz)*
> ***na** pocztę / na basen / na dworzec / na uniwersytet *(+ Biernik)*
> **czym?** *(+ Narzędnik)*
> autobus**em**, tramwaj**em**, rower**em**, metr**em**, taksówk**ą**

— Przepraszam, czym można dojechać z hostelu do parku?
— Można tam dojechać...

Dialog 1

— Przepraszam, czym można dojechać z ronda do restauracji?
— Można...

Dialog 3

— Przepraszam, czym można dojechać ze szkoły do muzeum?
— Można najpierw..., a potem...

Dialog 2

— Przepraszam, czym można dojechać z kina na pocztę?
— Można...

Dialog 4

Przepraszam, jak dojść do rynku?

A. Proszę przeczytać dialogi i zdecydować, która to sytuacja – A, B czy C.

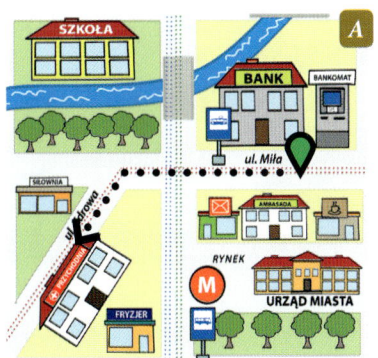
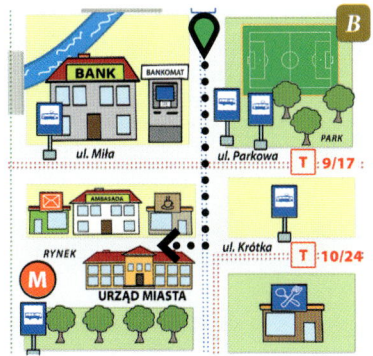

DIALOG 1. [B]

- Przepraszam, jak dojść do rynku?
- To niedaleko. Proszę iść prosto, a potem skręcić w prawo. Rynek jest na wprost.
- Dziękuję bardzo.
- Nie ma za co.

DIALOG 2. [ ]

- Przepraszam, gdzie jest urząd miasta?
- Urząd jest tam. To ten czerwony budynek. Proszę przejść przez ulicę. Urząd jest po lewej stronie, obok stacji metra.
- A! To tak blisko?! Dziękuję bardzo.
- Proszę bardzo.

DIALOG 3. [ ]

- Przepraszam bardzo, szukam przychodni.
- Proszę iść prosto, a potem skręcić w drugą ulicę w lewo. Przychodnia jest naprzeciwko siłowni.
- Czy to daleko?
- Nie, 10 minut pieszo.

B. Proszę przygotować analogiczne dialogi i odegrać je z koleżanką / kolegą. Proszę korzystać z planu miasta z ćwiczenia 1A.

DIALOG 4.: uniwersytet > bankomat
DIALOG 5.: galeria handlowa > dworzec PKP
DIALOG 6.: siłownia > boisko

TRZEBA PAMIĘTAĆ

O DROGĘ MOŻEMY PYTAĆ

Przepraszam, **gdzie jest** sklep / apteka / kino? *(+ Mianownik)*
Przepraszam, **jak dojść** do sklepu / apteki / kina? *(+ Dopełniacz)*
Przepraszam, **szukam** sklepu / apteki / kina. *(+ Dopełniacz)*

TRZEBA UŻYĆ

Proszę:

iść prosto / skręcić w prawo / skręcić w lewo / zawrócić / przejść przez ulicę

Proszę iść / skręcić **w (1) pierwszą ulicę** w prawo / w lewo
Proszę iść / skręcić **w (2) drugą ulicę** w prawo / w lewo
Proszę iść / skręcić **w (3) trzecią / w (4) czwartą / w (5) piątą ulicę**...

To blisko / To niedaleko   ≠ To daleko

5 minut pieszo   20 minut tramwajem
10 minut rowerem   30 minut / pół godziny autobusem

5

Jest pani / pan na rynku (proszę korzystać z planu miasta z zadania 1A). Proszę odpowiedzieć na pytania turystów.

A teraz proszę wybrać jedno miejsce na planie miasta i zapytać koleżankę / kolegę, jak tam dojść z rynku.

6

Nie wiem. Nie rozumiem. Nie jestem stąd.

Proszę powtórzyć za nauczycielką / nauczycielem z odpowiednią intonacją, a potem odegrać podobne dialogi z koleżanką / kolegą.

7

Proszę przeczytać tekst, a potem zaprezentować swoją drogę do pracy / szkoły. Proszę używać słów podkreślonych w tekście.

Moja droga do pracy

<u>Zwykle</u> do pracy jeżdżę tramwajem. Przystanek tramwajowy jest bardzo blisko. <u>Najpierw</u> piętnaście minut jadę tramwajem numer 9 albo 17. <u>Potem</u> idę pieszo. Najpierw przechodzę przez ulicę. Potem skręcam w prawo i idę pięć minut prosto. <u>Jeszcze raz</u> skręcam w prawo, a potem w trzecią ulicę w lewo i już jestem na miejscu. To jest ulica Chabrowa, a obok banku znajduje się apteka, w której pracuję.

TRZEBA PAMIĘTAĆ

iść prosto / w prawo / w lewo

(ja) idę	(my) idziemy
(ty) idziesz	(wy) idziecie
on / ona / ono idzie	oni / one idą

TRZEBA PAMIĘTAĆ

jechać samochodem / taksówką

(ja) jadę	(my) jedziemy
(ty) jedziesz	(wy) jedziecie
on / ona / ono jedzie	oni / one jadą

TRZEBA PAMIĘTAĆ

skręcać w prawo / w lewo

(ja) skręcam	(my) skręcamy
(ty) skręcasz	(wy) skręcacie
on / ona / ono skręca	oni / one skręcają

TRZEBA PAMIĘTAĆ

przechodzić przez ulicę / most / plac

(ja) przechodzę	(my) przechodzimy
(ty) przechodzisz	(wy) przechodzicie
on / ona / ono przechodzi	oni / one przechodzą

8

Proszę wyjrzeć przez okno, a potem:

A. podać minimum 5 miejsc i obiektów, które znajdują się w okolicy.

B. zlokalizować te obiekty (na wprost, naprzeciwko, po lewej stronie, po prawej stronie, na rogu).

C. powiedzieć, jak można do nich dojść (iść prosto, skręcić, przejść przez ulicę).

6 CODZIENNIE CHODZĘ SPAĆ O 23:00

A1 życie codzienne – rutyna dnia

1

Typowy dzień Adama.
Jak pani / pan myśli, co Adam robi rano, po południu, wieczorem i w nocy?
Proszę używać słów z ramki.
Proszę podać minimum 3 propozycje do każdej pory dnia.

TRZEBA PAMIĘTAĆ
KONIUGACJE

	(-ę, -esz)	(-ę, -isz)	(-ę, -ysz)	(-m, -sz)
	wstawać	**budzić się**	**uczyć się**	**spotykać się**
(ja)	wstaję	budzę się	uczę się	spotykam się
(ty)	wstajesz	budzisz się	uczysz się	spotykasz się
on / ona / ono	wstaje	budzi się	uczy się	spotyka się
(my)	wstajemy	budzimy się	uczymy się	spotykamy się
(wy)	wstajecie	budzicie się	uczycie się	spotykacie się
oni / one	wstają	budzą się	uczą się	spotykają się

Przykład: Myślę, że rano on wstaje, pije kawę, a potem…

 rano
 po południu
 wieczorem
 w nocy

spotykać się z kolegami / koleżankami   jeść śniadanie   czytać gazetę   budzić się   wstawać
pić kawę   brać prysznic   iść do szkoły / do pracy / na uniwersytet   jeść obiad   jeść kanapkę
przeglądać internet   sprawdzać pocztę   wracać ze szkoły / z pracy / z uniwersytetu   robić zakupy
oglądać film / serial   czytać książkę   iść spać   spać   uczyć się języka polskiego / matematyki

Adam, 21 lat, student architektury

2

Proszę pracować w parach. Proszę zapytać koleżankę / kolegę, jak myśli, o której godzinie Adam wstaje, pije kawę itd.

Przykład:
– Jak myślisz, o której godzinie Adam wstaje?
– Myślę, że on wstaje o szóstej trzydzieści (6:30).
– Jak myślisz, o której godzinie…?

TRZEBA PAMIĘTAĆ
O KTÓREJ GODZINIE? (24 h)

14:00 – **o** czternast**ej**
14:15 – **o** czternast**ej** piętnaście
14:30 – **o** czternast**ej** trzydzieści
14:45 – **o** czternast**ej** czterdzieści pięć
15:00 – **o** piętnast**ej**

3

Jaki jest typowy piątek Katarzyny, Anny i Marka? Jaki jest ich plan dnia?

A. Proszę opowiedzieć.

• ICH TYPOWY PIĄTEK •

GODZINA	OSOBA A	OSOBA B	OSOBA C
6:30	*Przykład:* W piątek Katarzyna wstaje o szóstej trzydzieści (6:30).		
7:15		*Przykład:* Anna pije kawę i robi śniadanie dla dziecka o siódmej piętnaście (7:15).	
8:00			
9:00			
12:00	*Przykład:* O dwunastej (12:00) Katarzyna je obiad w barze.		
16:45			
18:00			
20:30			
22:00			
23:30			

A. Katarzyna Noskowska, 26 lat, studentka

B. Anna Mirecka, 34 lata, dziennikarka

C. Marek Kotecki, 29 lat, inżynier

B. Proszę zapytać koleżankę / kolegę o plan dnia osób z ćwiczenia 3A.

– Kto…?
Np. *Kto wstaje o 7:15?*
– Kiedy…?
Np. *Kiedy Kasia ogląda serial?*
– O której…?
Np. *O której Anna i jej mąż idą spać?*
– Co robi…?
Np. *Co Marek robi o 12:00?*

A jaki jest pani / pana typowy piątek?

4

Jak wygląda pani / pana tydzień?

Proszę pracować w parach. Koleżanka / Kolega zaczyna zdanie, proszę je dokończyć. Potem proszę zamienić się rolami.

Przykład:

Osoba A: W poniedziałek rano zawsze...
Osoba B: Pijesz kawę?
Osoba A: Nie!
Osoba B: Bierzesz prysznic?
Osoba A: Tak.

1. W poniedziałek rano zawsze...
2. We wtorek w południe zwykle...
3. W środę po południu często...
4. W czwartek wieczorem czasami...
5. W piątek wieczorem od czasu do czasu...
6. W sobotę rano rzadko...
7. W niedzielę rano nigdy nie...

 ### 5

To jest Robert. On jest księgowym i pracuje w biurze rachunkowym. Proszę popatrzeć na ilustracje i powiedzieć, co on robi i o której godzinie.

Przykład: W piątek piętnaście po dziewiątej (9:15) Robert jest w biurze i intensywnie pracuje na komputerze. Potem o...

TRZEBA PAMIĘTAĆ

O KTÓREJ GODZINIE? (12 h)

14:00 – **o** drug**iej** (po południu)
14:15 – piętnaście **po** drug**iej** (po południu)
14:30 – **o wpół do** trzec**iej** (po południu)
14:45 – **za** piętnaście trzec**ia** (po południu)
15:00 – **o** trzec**iej** (po południu)

• ZŁY PIĄTEK ROBERTA •

• DOBRY WEEKEND ROBERTA •

6

Wakacje Zuzi.
Proszę przeczytać tekst, a potem:

Mam na imię Zuzia, mam 30 lat. Uwielbiam spędzać wakacje w górach. Bardzo lubię polskie Tatry i Zakopane, szczególnie poza sezonem, kiedy nie ma dużo turystów. Ja i mój chłopak zawsze jeździmy na urlop do Zakopanego we wrześniu. Rezerwujemy pokój w pensjonacie przy Krupówkach – to jest główna ulica Zakopanego. Codziennie rano wstajemy wcześnie – o 6:00 albo 6:30, pijemy kawę, jemy obfite śniadanie, robimy kanapki na drogę, pakujemy coś do picia i idziemy w góry. Rano i po południu długo wędrujemy po szlakach. Podziwiamy piękne widoki. Po drodze jemy kanapki. Wracamy do pensjonatu, kiedy zaczyna się robić ciemno. Jemy późny obiad, a właściwie obiadokolację około 19:00. Zwykle zamawiamy góralską kwaśnicę – to jest zupa z kiszonej kapusty z mięsem, serwowana z kromką chleba. Po posiłku spacerujemy jeszcze trochę po Krupówkach i wracamy do pensjonatu. Idziemy spać wcześnie, bo około 21:30, żeby mieć dużo energii następnego dnia.

 A. proszę odpowiedzieć na pytania:

1. Gdzie Zuzia uwielbia spędzać wakacje? *W górach.*
2. Jakie miasto lubi Zuzia i jej chłopak?
3. Kiedy ona i jej chłopak lubią jeździć na urlop?
4. Gdzie rezerwują nocleg?
5. O której wstają w czasie urlopu?
6. Co robią po południu?
7. O której jedzą obiad?
8. Co jedzą na obiad?
9. Co robią po obiedzie?
10. O której idą spać?

B. proszę zamienić pytania na formę „ty" i zadać je koleżance / koledze.

1. *Gdzie uwielbiasz spędzać wakacje?*
2. ....
3. ....
4. ....
5. ....
6. ....
7. ....
8. ....
9. ....
10. ....

7

Proszę podać po kilka (3–5) czasowników do każdego punktu. Potem proszę opowiedzieć o swoich typowych wakacjach.

Przykład: W czasie wakacji zawsze opalam się na plaży nad ciepłym morzem i ......

1. W czasie wakacji zawsze – opalam się, jadę do ciepłych krajów ....
2. W czasie wakacji często – ....
3. W czasie wakacji czasami – ....
4. W czasie wakacji rzadko – ....
5. W czasie wakacji nigdy nie – ....

8

Jak mógłby wyglądać pani / pana najlepszy i najgorszy dzień? Proszę opowiedzieć, co pani / pan wtedy robi i o której godzinie.

a) najgorszy dzień w pracy / w szkole / na wakacjach / na urlopie 😒
b) najlepszy dzień w pracy / w szkole / na wakacjach / na urlopie 😊

Przykład:

Mój najgorszy dzień w pracy mógłby wyglądać tak. Wstaję około 8:30 i dlatego spóźniam się do pracy. Po drodze kupuję kawę, która jest niesmaczna. Biegnę szybko do pracy, bo jestem spóźniona / spóźniony i wylewam kawę na siebie. Potem…

7 LUBIĘ PODRÓŻOWAĆ
podróże, miejsca

1

Proszę popatrzeć na fotografie i powiedzieć:

A. co można tam robić. Proszę używać słów z ramki.

> oglądać film w kinie   spacerować   zbierać grzyby   pływać
> pływać kajakiem   zrywać kwiaty   robić babki z piasku
> wspinać się   robić piknik   spotykać się w kawiarni
> nocować w schronisku   zwiedzać muzeum   wędrować
> opalać się   chodzić do teatru   leżeć na plaży   odpoczywać
> podziwiać naturę   oglądać zwierzęta   żeglować
> spać pod namiotem   jeść obiad w restauracji

TRZEBA PAMIĘTAĆ

MOŻNA + BEZOKOLICZNIK
Przykład: W mieście można oglądać film w kinie i...

B. co pani / pan lubi robić…

– w mieście,
– na wsi,
– nad morzem,
– w górach,
– nad jeziorem,
– w lesie.

W mieście można…

Na wsi można…

Nad morzem można…

W górach można…

WARTO WIEDZIEĆ

Zbieranie grzybów jest w Polsce bardzo popularne. Jesienią wielu Polaków chodzi po lesie i zbiera grzyby. Potem można ugotować z nich zupę, dodać je np. do sosu albo ususzyć na zimę.

Nad jeziorem można…

W lesie można…

2

Proszę popatrzeć na tabelę i powiedzieć:

A. co oni lubią robić w wolnym czasie.

B. zapytać koleżankę / kolegę, czy lubi te aktywności. Proszę zaznaczyć w tabeli te, które lubi. Proszę zaprezentować odpowiedzi koleżanki / kolegi na forum.

TRZEBA PAMIĘTAĆ
LUBIĆ

(ja) lubię — (my) lubimy
(ty) lubisz — (wy) lubicie
on / ona / ono / pan / pani lubi — oni / one / państwo lubią

	biegać w parku	czytać książki	spotykać się ze znajomymi	robić zdjęcia	spacerować po mieście	grać na komputerze	oglądać filmy i seriale	uczyć się języków obcych	jeździć na rowerze
MAREK	x			x			x		
GRZEGORZ		x	x		x				
DOROTA				x	x				x
OLA						x	x	x	
MARTA I ADAM			x		x		x		
BOŻENA I SARA			x	x					x
MOJA KOLEŻANKA / MÓJ KOLEGA									

A pani / pan? Co pani / pan lubi robić w wolnym czasie?

3

Które miasto w Polsce im się podoba?

A. Proszę przeczytać teksty, popatrzeć na mapę i podpisać znajdujące się na niej ilustracje.

KASIA: Podoba mi się Kraków. To dawna stolica Polski. Ma piękny rynek! Ale najbardziej podoba mi się Wawel. To jest bardzo stary zamek. Tam bardzo długo mieszkali królowie Polski.

KAROL: Bardzo podoba mi się Gdańsk. To miasto ma długą historię. Są tu bardzo ciekawe zabytki. Jest położone nad morzem. Latem, kiedy jest ciepło, można pływać i opalać się na plaży. Latem jest tu też Jarmark Dominikański.

PAWEŁ: Podoba mi się Warszawa. To jest stolica Polski. Bardzo lubię Łazienki. To jest duży park w centrum Warszawy. Tam jest pałac króla Stanisława Augusta Poniatowskiego – ostatniego króla Polski. Można tam zobaczyć wiewiórki i pawie.

AGNIESZKA: Podoba mi się Wrocław. Ma bardzo ładny i stary rynek. Najbardziej lubię ZOO we Wrocławiu. Jest ogromne! Można tu zobaczyć zwierzęta z całego świata. Blisko ZOO jest fontanna multimedialna, Ogród Japoński i Hala Stulecia.

ROBERT: Podoba mi się Zakopane. To jest zimowa stolica Polski. To atrakcyjne miejsce dla osób, które lubią aktywny wypoczynek. Zimą można tu jeździć na nartach, a latem spacerować po górach.

SABINA: Podoba mi się Augustów. To małe miasto, które gwarantuje dużo atrakcji. Jeśli lubisz sporty wodne, musisz tam pojechać! Można tam pływać kajakiem i żeglować, a wieczorem organizować grilla.

KAMIL: Podoba mi się Toruń. Ma piękne stare miasto, które jest wpisane na listę UNESCO. Mieszkał tutaj znany polski astronom – Mikołaj Kopernik. Bardzo lubię obserwatorium astronomiczne, bo interesuję się gwiazdami i planetami. Kulinarny symbol Torunia to pierniki – koniecznie trzeba spróbować!

ANIA: Podoba mi się Poznań. Ma bardzo ładne stare miasto. W centrum jest piękny renesansowy ratusz i małe kamienice. Bardzo znana jest ulica Święty Marcin. Co roku w listopadzie jest tu organizowany Jarmark Świętomarciński. Można wtedy zjeść pyszne rogale.

MARZENA: Bardzo lubię Lublin. To jest piękne i stare miasto. W centrum jest zamek. Lublin to miasto wielokulturowe. Latem warto przyjechać na festiwal teatrów ulicznych.

1.

2.

8.

7.

3.

4.

6.

Przykład: *Kraków*

5.

B. Proszę patrzeć na mapę i powiedzieć:
a) które miasta podobają się osobom z ćwiczenia 3A. Dlaczego?
b) które miasta podobają się pani / panu i dlaczego.
c) które miasta podobają się pani / pana koleżance / koledze i dlaczego. Proszę o to zapytać, a potem zaprezentować odpowiedzi na forum.

TRZEBA PAMIĘTAĆ					
Podoba	mi	nam		(+ *Mianownik*)	
Podobają	ci	wam	się	Kraków	
	mu / jej / mu	im		Wrocław	

38

TRZEBA PAMIĘTAĆ

podróżować:
do *(+ Dopełniacz)* Polski
do *(+ Dopełniacz)* Barcelony
nad *(+ Biernik)* morze, jezioro
w *(+ Biernik)* góry

spędzać czas:
w *(+ Miejscownik)* Polsce
w *(+ Miejscownik)* Barcelonie
nad *(+ Narzędnik)* morzem, jeziorem
w *(+ Miejscownik)* górach

4
Na podstawie informacji z tabeli proszę powiedzieć, kim oni są i jak spędzają wakacje / urlop.

IMIĘ I NAZWISKO	Wiek	Skąd jest?	Dokąd lubi podróżować?	Gdzie lubi spędzać czas?	Co lubi robić na wakacjach / na urlopie?	Gdzie zwykle nocuje?	Co bierze ze sobą?	Kiedy lubi podróżować?
Sven Gunar	28 lat	🇳🇴	Sagrada Familia	morze	leżak	łóżko piętrowe	okulary	lato
Pablo Herandez	35 lat	🇪🇸	Krzywa wieża w Pizie	góry	narty	domek	swetry	zima
Anastazja Szewczenko	22 lata	🇺🇦	Wieża Eiffla	miasto	muzeum	hotel	aparat	jesień
Dunja Rakic	28 lat	🇭🇷	Syrenka (Warszawa)	jezioro	żagle	namiot	kurtka	wiosna

Przykład: Sven Gunar ma 28 lat i jest z Norwegii. On lubi podróżować do Hiszpanii. Lubi tam spędzać czas nad morzem…

A pani / pan? Jak pani / pan spędza wakacje?

5

Chce pani / pan pojechać na weekend do jednego z polskich miast. Ogląda pani / pan plakaty, które prezentują różne wydarzenia w Poznaniu, Wrocławiu, Gdańsku i Lublinie. Proszę przeczytać informacje z plakatów i odpowiedzieć na pytania. Które wydarzenie jest dla pani / pana najbardziej interesujące? Dlaczego?

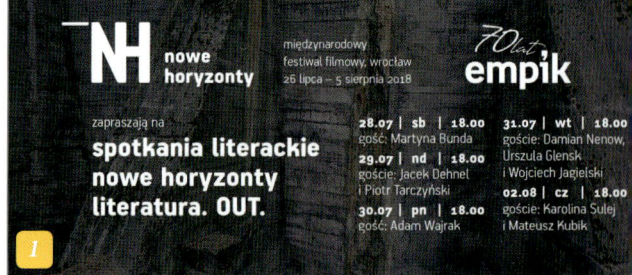

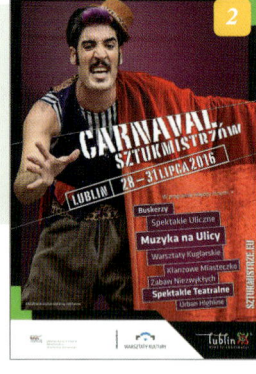

a) W którym mieście jest karnawał sztukmistrzów?
b) Czy karnawał jest organizowany zimą?
c) Czy można oglądać spektakle?
d) Gdzie można słuchać muzyki?

a) W którym mieście jest międzynarodowy festiwal filmowy Nowe Horyzonty?
b) Czy w niedzielę jest spotkanie literackie?
c) Czy w środę jest spotkanie literackie?
d) Z kim jest spotkanie w poniedziałek?

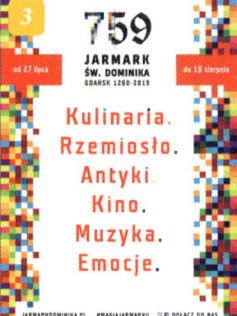

a) W którym mieście jest Jarmark Świętego Dominika?
b) Czy w czasie jarmarku można oglądać filmy?
c) Czy w czasie jarmarku można coś zjeść?
d) Od kiedy do kiedy trwa jarmark?

a) W którym mieście jest festiwal food trucków?
b) Czy festiwal food trucków jest w rynku?
c) Czy można iść coś zjeść w sobotę rano?
d) O której godzinie festiwal kończy się w niedzielę?

 6

Proszę poszukać informacji w internecie o tym, jakie interesujące wydarzenia (muzyczne, filmowe, sportowe, kulinarne) są w najbliższy weekend w pani / pana mieście. Proszę wybrać jedno wydarzenie i na podstawie przykładowego dialogu przygotować podobny. Proszę odegrać tę sytuację z koleżanką / kolegą.

DIALOG A – festiwal food trucków
Przykład:
– Cześć!
– Cześć, co słychać?
– Wszystko w porządku. Może pójdziemy dzisiaj na spacer?
– Niestety, dzisiaj nie mogę.
– Kiedy masz czas?
– W weekend.
– Świetnie! W weekend jest festiwal food trucków na stadionie. Może pójdziemy razem?
– To dobry pomysł. O której się spotkamy?
– Może w sobotę o 14:00 blisko stadionu?
– Dobrze. Do zobaczenia w sobotę.
– Do zobaczenia. Już nie mogę się doczekać!

TRZEBA UŻYĆ

	😊	☹	?
Może pójdziemy na… (+ Biernik)?	To dobry pomysł.	Niestety, nie mogę.	Nie wiem.
Co powiesz na… (+ Biernik)?	Świetny pomysł!	Przykro mi, mam dużo pracy.	Jeszcze nie wiem.
Masz ochotę pójść na… (+ Biernik)?	Dobrze, możemy pójść. Super, mam wolny czas.	Przepraszam, ale jestem bardzo zajęta / zajęty.	Nie jestem pewna / pewny, czy mam czas.

Pani / Pana dialog

SCHEMAT DIALOGU

– 😖

– 😊

– KIEDY?

– O KTÓREJ?

– GDZIE?

7

Proszę krótko opowiedzieć o ciekawym wydarzeniu, np. festiwalu, który jest popularny w pani / pana mieście / regionie / kraju.

Jak się nazywa to wydarzenie?   Co można wtedy robić?

Kiedy jest organizowane?   Dlaczego jest popularne?

8

Pracuje pani / pan w biurze podróży „Niesamowita Polska". Proszę przygotować ofertę wakacyjną dla:

a) nowożeńców,
b) studentów,
c) pracowników firmy.

Można korzystać z internetu.

KATEGORIE	OFERTA A	OFERTA B	OFERTA C
miasto / miejsce			
atrakcje turystyczne i zwiedzanie			
sport i rekreacja			
nocleg			
wyżywienie / jedzenie			
transport			
cena			

Proszę zaprezentować oferty, a potem zdecydować, która z nich jest najciekawsza i dlaczego.

8 MIESZKANIE CZY AKADEMIK?

1

Proszę uzupełnić tabelę słowami związanymi z tematem *mieszkanie*. Potem proszę porównać swoje propozycje z propozycjami koleżanki / kolegi i dopisać brakujące słowa.

Jakie są pomieszczenia w mieszkaniu?	Jakie meble, sprzęty i urządzenia są w tych pomieszczeniach?	Jakie mogą być te pomieszczenia?	Co można robić w tych pomieszczeniach?
		przestronna, jasna, …	gotować, jeść, …
sypialnia			
	sofa, telewizor, …		
łazienka			
	łóżeczko dziecięce, pojemnik na zabawki, …		
korytarz			

2

Kuba niedługo zaczyna studia we Wrocławiu, dlatego szuka pokoju do wynajęcia.

A. Proszę dopasować ogłoszenia do fotografii. Proszę uzasadnić swój wybór.

To jest Kuba, student pierwszego roku filologii klasycznej, który szuka mieszkania we Wrocławiu.

A. Do wynajęcia wygodny mikroapartament w centrum Wrocławia (blisko Placu Grunwaldzkiego). Jasny pokój z aneksem kuchennym, łazienka (prysznic, WC, umywalka) i mały przedpokój (wszystko razem: 18 m²). Szóste piętro, jest winda. Z balkonu widać rzekę i pobliski park. Ogrzewanie miejskie. Klimatyzacja. Opłaty: 1200 zł + prąd, woda, internet (około 300 zł miesięcznie). Cena do negocjacji. Zapraszamy do oglądania. Tel: 678123456 (proszę dzwonić po 16:00).

B. Szukamy współlokatora do trzypokojowego mieszkania studenckiego. Jest wolne miejsce w dużym pokoju dwuosobowym (14 m²). Mieszkanie przestronne i słoneczne, duża kuchnia, łazienka (wanna, umywalka) i toaleta osobno. Wysoki parter. Blisko sklepy i punkty usługowe. Niedaleko przystanek tramwajowy, z którego w 10 min można dostać się na uniwersytet i na politechnikę. Cena: 650 zł / miesiąc + woda, prąd, gaz (według zużycia) + internet. Tel. 796588321.

C. Zaczynasz studia we Wrocławiu, a nie masz jeszcze dachu nad głową*? Nie martw się! Właśnie otworzyliśmy dla Ciebie prywatny akademik. Wygodne i duże pokoje jedno- i dwuosobowe z prywatnymi lub dzielonymi łazienkami. W pokojach dwuosobowych łóżka piętrowe. Wspólne kuchnie na korytarzu. Na parterze siłownia i mała kawiarnia. Doskonała lokalizacja – blisko dworca PKP. W pobliżu galeria handlowa, sklepy, punkty usługowe, restauracje i bary. Ceny od 800 zł (pokój dwuosobowy) do 1400 zł (pokój jednoosobowy o podwyższonym standardzie). Zapraszamy do oglądania. Tel. 669125477.

*IDIOM

mieć dach nad głową – mieć gdzie mieszkać; mieć dom, mieszkanie

B. Proszę odpowiedzieć na pytania:

a) Gdzie znajduje się akademik?
b) Ile metrów kwadratowych (m²) ma mikroapartament?
c) Ile pokoi ma mieszkanie studenckie?
d) Które lokum ma wannę?
e) W którym budynku jest winda?
f) Gdzie są łóżka piętrowe?
g) Skąd jest piękny widok?
h) Która oferta jest do negocjacji?
i) Gdzie jest sala, w której można trenować?
j) Skąd jest blisko na dwie uczelnie?

Proszę powiedzieć, jakie są plusy i minusy każdej z tych ofert. Jak pani / pan myśli, która oferta jest idealna dla Kuby? Dlaczego? A która oferta jest najbardziej atrakcyjna dla pani / pana? Dlaczego?

3

Jakie jest pani / pana mieszkanie? Proszę opowiedzieć, jakie są:

– lokalizacja,
– wielkość,
– liczba pokoi,
– wyposażenie.

....

....

....

4

Kuba dzwoni do właściciela mieszkania trzypokojowego (z oferty B), żeby zapytać o szczegóły wynajmu.

A. Proszę przeczytać rozmowę Kuby z właścicielem i uzupełnić ją pytaniami z ramki.

– *Dzień dobry! Czy ogłoszenie jest nadal aktualne?*¹
– Tak, miejsce w pokoju jest nadal wolne.
– ....²
– Mieszkanie znajduje się na ulicy Kochanowskiego, niedaleko centrum handlowego Korona.
– ....³
– Mieszkanie ma 62 m².
– ....⁴
– W mieszkaniu są trzy pokoje, kuchnia, łazienka, toaleta i mały przedpokój.
– ....⁵
– Tak, to są oddzielne pomieszczenia.
– ....⁶
– Nie, w łazience jest wanna, umywalka i pralka. Są też szafki na kosmetyki.
– ....⁷
– Koszt wynajmu dla jednej osoby to 650 zł miesięcznie plus opłaty za wodę, prąd i gaz. Razem to jest około 800 zł miesięcznie.
– ....⁸
– Nie, internet nie jest wliczony w czynsz. Trzeba płacić osobno.
– ....⁹
– Można obejrzeć pokój nawet dzisiaj, ale po godzinie 18:30.
– ....¹⁰
– Oczywiście, w takim razie do zobaczenia o 19:00.

a) Czy w łazience jest prysznic?
b) Czy można przyjść obejrzeć ten pokój dzisiaj o 19:00?
c) Czy opłata za internet jest wliczona w czynsz?
d) Gdzie znajduje się mieszkanie?
e) Ile bym płacił miesięcznie?
f) Dzień dobry! Czy ogłoszenie jest nadal aktualne?
g) Ile pomieszczeń jest w mieszkaniu?
h) Czy łazienka i toaleta są osobno?
i) Kiedy można obejrzeć pokój?
j) Ile metrów kwadratowych ma mieszkanie?

B. Kuba jest też ciekawy, jakie są pozostałe lokale. Telefonuje do miejsc zaprezentowanych w ofertach A i C i pyta o szczegóły. Proszę przygotować z koleżanką / kolegą dialogi.

5

Kuba już mieszka w nowym pokoju w mieszkaniu studenckim. Teraz rozmawia o nim z koleżanką. Proszę przeczytać dialog, a potem:

 A. uzupełnić go słowami podanymi w ramce.

B. dokończyć go – opowiedzieć o mieszkaniu Kasi, które jest zupełnie inne od mieszkania Kuby.

wyposażone	jasny
przestronny	
ciemna	wygodna

– Cześć, Kasiu!

– Cześć, Kuba, co słychać?

– Mam nowe mieszkanie! Strasznie się cieszę!

– Jakie jest twoje nowe mieszkanie?

– Jest bardzo fajne. Jest dosyć duże, ma 62 metry kwadratowe. Są trzy pokoje. W jednym mieszkam ja z bardzo fajnym studentem prawa. W drugim studentka ASP, a w trzecim chłopak, który pracuje w pizzerii. Mój pokój jest ....[1], bo jest w nim dużo miejsca, i ....[2], bo jest dużo światła. Kuchnia jest trochę ....[3], nie ma w niej żadnego okna. Łazienka jest ....[4], bo czuję się w niej komfortowo. Generalnie mieszkanie jest bardzo dobrze ....[5], bo są w nim wszystkie potrzebne meble i sprzęty. Jestem bardzo zadowolony. Kasiu, a co u ciebie? Jak tam Szczecin? Gdzie teraz mieszkasz? Jakie jest twoje mieszkanie?

– Szczecin super! A mieszkanie… daj spokój! Nawet nie chce mi się mówić. Tragedia! Wyobraź sobie, że…

WARTO UŻYĆ

JESTEM ZADOWOLONY/A

Jest bardzo fajne.
Podoba mi się.
Cieszę się, że…
Generalnie wszystko jest dobrze.

WARTO UŻYĆ

NIE JESTEM ZADOWOLONY/A

Tragedia!
Nawet nie chce mi się mówić!
Daj spokój!
A weź!

6

Kasia szuka nowego pokoju w mieszkaniu studenckim. Prosi Kubę o pomoc. Oglądają razem w internecie oferty pokoi do wynajęcia. Proszę wcielić się w role Kasi i Kuby i odegrać dialog.

WARTO UŻYĆ

pytanie	+	–
Jak ci się podoba?	Dobrze, może być.	Nie podoba mi się.
Może ten?	Tak, zgadzam się.	Nie zgadzam się z tobą.
Dlaczego nie ten?	To dobry pomysł.	Może coś innego?
Jak myślisz?	Świetny pomysł.	Nie jestem przekonany/a.
Jak sądzisz?		
Jak uważasz?		
Co ci się w nim podoba?		

Przykład:

– *Kuba, zobacz. Mam dwie fajne oferty. Co myślisz? Który pokój podoba ci się bardziej?*

– *No nie wiem. To zależy czego szukasz. Na przykład ten pokój jest…*

– …

7 Nietypowy dom.

DOM KERETA

"Najwęższy* dom świata" to instalacja artystyczna zlokalizowana w Warszawie w dzielnicy* Wola, znajduje się między ścianami kamienicy* przy ul. Żelaznej 74, a blokiem* przy Chłodnej 22. Funkcjonuje od 2012 roku. Autorami instalacji artystycznej przy ul. Żelaznej w Warszawie są architekt Jakub Szczęsny i grupa projektowa Centrala. To jest pracownia dla izraelskiego pisarza Etgara Kereta i miejsce różnych akcji kulturalnych.

Dom Kereta można odwiedzać rzadko. Kiedy w słynnym* Domu Kereta w Warszawie są *dni otwarte*, za każdym razem pojawiają się* tłumy* zwiedzających*.

Bilety na Dni Otwarte w Domu Kereta można kupić przez stronę internetową: http://oferta.fundacjapsn.pl/produkt/dniotwarte/

na podstawie: *Dom Kereta Warszawa. Tak wygląda w środku najwęższy dom na świecie*, www.gdansk.naszemiasto.pl oraz *Dom Kereta*, www.wikipedia.org

A. Proszę przeczytać tekst i odpowiedzieć na pytania.

1. Gdzie jest Dom Kereta?

Przykład: Dom Kereta jest w Warszawie, w dzielnicy Wola. Znajduje się między ulicami Żelazną 74 a Chłodną 22.

2. Kto jest autorem projektu Domu Kereta?
3. Kto ma tam pracownię?
4. Jak często można odwiedzać Dom Kereta?
5. Gdzie można kupić bilety, żeby odwiedzić Dom Kereta?

słowniczek

* najwęższy – bardzo wąski (wąski – węższy – najwęższy)
* dzielnica – dystrykt, część miasta
* kamienica – bardzo stary, wysoki budynek
* blok – wysoki budynek, ma kilka pięter
* słynny – znany, popularny
* pojawiać się – przychodzić
* tłum – bardzo dużo ludzi
* zwiedzający – osoba, która odwiedza jakieś miejsce

B. Proszę powiedzieć, co pani zapamiętała / pan zapamiętał o Domu Kereta.
C. Proszę opowiedzieć o ciekawym budynku w pani / pana miejscowości / regionie / kraju.

8

Proszę porozmawiać z koleżanką / kolegą / nauczycielką / nauczycielem na podane tematy:

– W Polsce student zwykle mieszka w akademiku, a w pani / pana kraju?
– W Polsce młodzi ludzie zwykle wyprowadzają się od rodziców, kiedy mają 18 lat, a w pani / pana kraju?
– W Polsce kawalerkę/ studio wynajmują zwykle osoby, które już pracują, a w pani / pana kraju?
– W Polsce typowe mieszkanie to M2, a w pani / pana kraju?
– Centrum życia rodzinnego dla polskiej rodziny to często kuchnia, a w pani / pana kraju?

WARTO UŻYĆ

KONSTRUKCJE

W moim kraju jest tak samo…
W moim kraju jest podobnie…
W moim kraju jest inaczej…
To jest tak, że…
Myślę, że… / Uważam, że… / Sadzę, że…

9 WRÓŻKA PRAWDĘ CI POWIE

plany, marzenia, horoskop, wróżby

1

Będę, będziesz, będzie.
Proszę dopasować teksty do zaimków osobowych.

JUTRO

JA — ONE — ONA — WY — ONO — ON — ONI — TY — MY

- Czy będziesz mieć wolny wieczór?
- Będę robić zakupy z koleżanką.
- Olga i Ksenia będą uczyć się języka polskiego.
- Iza będzie rozmawiać przez telefon z przyjaciółką.
- Gdzie będziecie oglądać film? W domu czy w kinie?
- Moje dziecko już nie będzie pić mleka przed snem.
- Skąd Kacper i Eryk będą wracać?
- Z kim Marek będzie grać w karty?
- Będziemy robić pizzę.
- A pani / pan? Co pani / pan będzie robić jutro?

TRZEBA PAMIĘTAĆ

CZAS PRZYSZŁY

(ja) będę	robić / robił, robiła
(ty) będziesz	robić / robił, robiła
on / ona / ono będzie	robić / robił, robiła, robiło
(my) będziemy	robić / robili, robiły
(wy) będziecie	robić / robili, robiły
oni / one będą	robić / robili, robiły

2

Proszę porozmawiać z koleżanką / kolegą. Proszę zapytać: „Co będziesz robić...?". Proszę używać słów z ramki.

dzisiaj wieczorem
jutro   pojutrze
w następny wtorek
za trzy dni   za tydzień
za miesiąc   za rok
w przyszłym tygodniu
w przyszłym miesiącu
w przyszłym roku

TRZEBA UŻYĆ

WYRAŻANIE PEWNOŚCI I NIEPEWNOŚCI

na pewno (100%)
być może (50%)
na pewno nie (0%)

Przykład:

Wiktor: Co będziesz robić dzisiaj wieczorem?
Zosia: Dzisiaj wieczorem **na pewno** będę czytać książkę i...
Wiktor: Moja koleżanka / Mój kolega dzisiaj wieczorem **na pewno** będzie czytać książkę i...

3

Proszę popatrzeć na fotografie i opowiedzieć o tych osobach.

| *Myślę, że* ten chłopiec bardzo lubi czytać i uczyć się. *Być może* w przyszłości on będzie profesorem. Będzie pracować na uniwersytecie, będzie pisać książki i uczyć studentów. | *Myślę, że* ta dziewczynka bardzo lubi ..... . *Być może* w przyszłości ona będzie ..... . *Codziennie* będzie pracować w przychodni weterynaryjnej, będzie ..... . | *Myślę, że*... . *Być może*... . *Codziennie*... . | |

4

Ania i Adam planują następny rok. Co oni będą robić?

A. Proszę narysować ilustracje w pustych miejscach w tabeli, a potem proszę opowiedzieć o planach Ani i Adama.

Przykład: W styczniu Ania i Adam będą mieć ślub. W lutym oni…

B. Proszę zapytać koleżankę / kolegę o jego wersję, a następnie proszę razem wybrać najbardziej interesującą historię.

Przykład: Co Ania i Adam będą robić w marcu?

5

A. Proszę zadać pytania do podkreślonych fragmentów zdań. Proszę używać słów podanych w ramce.

> Jak często? Dlaczego? Kto? Jaka? Co? Kiedy? Z kim? Jak? ~~Gdzie?~~

1. W następny czwartek będę na koncercie jazzowym <u>w Berlinie</u>.

2. Po południu będziemy <u>z Bartkiem</u> grać na komputerze.

3. W przyszłym roku sytuacja ekonomiczna będzie <u>bardzo dobra</u>.

4. W przyszłym roku <u>często</u> będę latać do Korei i do Indii.

5. W tym roku Ewa i Igor <u>będą odpoczywać</u> nad polskim morzem.

6. Pani Marta nie będzie pracować, <u>bo będzie mieć urlop</u>.

7. W weekend będzie <u>zimno</u>, ale <u>słonecznie</u>.

8. Jutro rano <u>moja mama</u> będzie mieć ważne spotkanie.

9. One nie będą uczyć się francuskiego <u>w tym tygodniu</u>.

Przykład (Fot. 1.): <u>Gdzie</u> będziesz na koncercie jazzowym w następny czwartek?

B. Proszę używać słów podanych w ramce z ćwiczenia 5A. Proszę przygotować 5–6 pytań o plany na przyszłość i zadać je koleżance / koledze, zrobić notatki, a następnie opowiedzieć 3 ciekawe fakty o niej / o nim.

Przykład: <u>Gdzie</u> będziesz spędzać wakacje?

6

Co będziesz musiała / musiał robić jutro po południu?

Proszę zadać pytania z tabeli koleżance / koledze, zanotować jej / jego odpowiedzi. Potem proszę je zaprezentować na forum.

☺ chcieć   OK móc   ! musieć

	PYTANIE:			ODPOWIEDŹ:
1.	Co będziesz	☺	robić jutro po południu?	*Jutro po południu ona będzie chciała / on będzie chciał…*
2.	Co będziesz	!	robić pojutrze?	
3.	Co będziesz	OK	robić w przyszłym tygodniu?	
4.	Co będziesz	!	robić w następnym roku?	
5.	Co będziesz	!	robić w weekend?	
6.	Co będziesz	☺	robić w wakacje?	
7.	Co będziesz	OK	robić za 10 lat?	
8.	Co będziesz	☺	robić, kiedy będziesz na emeryturze?	

TRZEBA PAMIĘTAĆ

CZAS PRZYSZŁY • CZASOWNIKI MODALNE

chcieć ☺	móc OK	musieć !
(ja) będę chciał / chciała	(ja) będę mógł / mogła	(ja) będę musiał / musiała
(ty) będziesz chciał / chciała	(ty) będziesz mógł / mogła	(ty) będziesz musiał / musiała
on będzie chciał	on będzie mógł	on będzie musiał
ona będzie chciała	ona będzie mogła	ona będzie musiała
ono będzie chciało	ono będzie mogło	ono będzie musiało
(my) będziemy chcieli / chciały	(my) będziemy mogli / mogły	(my) będziemy musieli / musiały
(wy) będziecie chcieli / chciały	(wy) będziecie mogli / mogły	(wy) będziecie musieli / musiały
oni będą chcieli	oni będą mogli	oni będą musieli
one będą chciały	one będą mogły	one będą musiały

Będę chciał / mógł / musiał + bezokolicznik

Przykład:	*Przykład:*	*Przykład:*
W wakacje moi przyjaciele **będą chcieli pojechać** do Włoch.	Czy **będziemy mogli oglądać** film po kolacji?	Dzisiaj wieczorem **będę musiała pracować** przy komputerze.

7

A. Proszę przeczytać tekst i odpowiedzieć na pytania:

ANDRZEJKI W POLSCE

1. Kiedy jest wieczór andrzejkowy?

Przykład: Wieczór andrzejkowy jest 29 listopada (imieniny Andrzeja).

2. Co ludzie robią w Polsce w wieczór andrzejkowy?
3. Jaka jest najpopularniejsza andrzejkowa wróżba?
4. Jaki charakter miały wróżby andrzejkowe dawno temu?
5. Jaki charakter mają dzisiaj andrzejkowe wróżby?

Andrzejki to wieczór 29 listopada (ten dzień to imieniny Andrzeja), kiedy wszyscy w Polsce wróżą*.

Najpopularniejsza wróżba to lanie wosku*. Jak to się robi? Najpierw lejemy wosk przez klucz na wodę. Potem wyjmujemy woskową figurkę z wody i oglądamy jej cień na ścianie. Kształt*, który widzimy na ścianie, to wróżba na przyszły rok.

Dawno temu wróżby miały charakter matrymonialny. Młode kobiety spotykały się i wróżyły, żeby poznać imię swojego przyszłego męża. Dzisiaj andrzejkowe wróżby to forma zabawy dla dzieci i młodzieży np. w szkołach, a dla dorosłych np. w klubach.

słowniczek
* wróżyć – mówić, co będzie w przyszłości
* wosk – substancja, z której robi się świeczki
* kształt – forma

B. Jest wieczór andrzejkowy 29 listopada. Pani / Pan razem z koleżanką / kolegą robią wróżby. Proszę wybrać 3 ilustracje (cienie na ścianie rzucane przez figurki z wosku) dla koleżanki / kolegi i powiedzieć, co pani / pana koleżanka / kolega będzie robić w przyszłym roku. Potem proszę zamienić się rolami.

Przykład:
Myślę, że to jest karta kredytowa. To znaczy, że w przyszłym roku będziesz zarabiać dużo pieniędzy i…

8

A. Pani / Pana koleżanka / kolega chce iść do wróżki, żeby poznać przyszłość. Prosi panią / pana o pomoc, ponieważ chce się przygotować do tej rozmowy. Proszę dokończyć listę pytań do wróżki. Proszę sugerować się ilustracjami, które są pod listą pytań.

1. Czy w przyszłym roku będę miała / miał szczęście w miłości?
2. Czy będę bogata / bogaty?
3. Dokąd będę .... ?
4. .... ?
5. .... ?
6. .... ?
7. .... ?
8. .... ?

 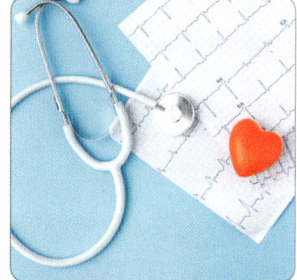  

B. Pani / Pana koleżanka / kolega jest już u wróżki. Ma ze sobą listę pytań. Proszę odegrać rolę wróżki i odpowiedzieć na pytania koleżanki / kolegi.

Przykład:

– Czy w przyszłym roku będę miała / miał szczęście w miłości?

– Tak, w przyszłym roku będzie miała pani / miał pan dużo szczęścia w miłości, ale dopiero latem. Widzę spontaniczną wycieczkę do Paryża, kawiarnię, rogaliki i tajemniczą osobę, która siedzi z panią / panem przy stoliku. Widzę też wspólne wycieczki rowerem nad Sekwaną. To początek wielkiej miłości. Mogę zasugerować kurs języka francuskiego już teraz.

– Ooo!...

10 ŻYCIE GWIAZDY

A1 człowiek – biografia, czas przeszły

Proszę nazwać kolejne etapy w życiu człowieka (proszę używać słów podanych w ramce). Potem proszę opowiedzieć historię Adama Nowaka (w czasie przeszłym).

Przykład: Adam Nowak urodził się 74 lata temu. Najpierw on…

> zaręczyć się   mieć wnuki
> zakochać się   przeprowadzić się   ~~urodzić się~~
> chodzić do przedszkola   wziąć ślub
> chodzić do szkoły   być na emeryturze
> zdać maturę   kupić mieszkanie
> studiować na uniwersytecie   pracować
> awansować w pracy   mieć dziecko

Adam Nowak, 74 lata, z zawodu urzędnik, obecnie emeryt.

1. *Przykład: urodzić się*

2.

3.

4.

5.

6.

7.

8.

9.

10.

11.

12.

13.

14.

15.

TRZEBA PAMIĘTAĆ
CZAS PRZESZŁY • czasownik *robić*

liczba pojedyncza

rodzaj męski	rodzaj żeński	rodzaj nijaki
ja robiłem	ja robiłam	ja ------------
ty robiłeś	ty robiłaś	ty ------------
on robił	ona robiła	ono robiło

liczba mnoga

my robiliśmy	my robiłyśmy	
wy robiliście	wy robiłyście	
oni robili	one robiły	

Proszę opowiedzieć o życiu tych osób (w czasie przeszłym). Proszę używać słów podanych w ramkach.

A. Daria

w dzieciństwie
10 lat temu
5 lat temu
w zeszłym roku
2 miesiące temu

B. Amelia i Julia

kiedy były małe
w szkole podstawowej
w technikum gastronomicznym
3 lata temu
w zeszłym miesiącu

Pola Negri – niezwykła historia.
Proszę popatrzeć na fotografie tej kobiety, a potem:

A. proszę powiedzieć, jak pani / pan myśli:
- **kim ona była?**
- **gdzie ona pracowała?**
- **co ona lubiła robić?**

TRZEBA UŻYĆ

Myślę, że…
Uważam, że…
Sądzę, że…

B. proszę uzupełnić tekst czasownikami z ramki.

zachorowała   leczyła się
zarabiała   mieszkała
spotykała się   grała
założyła   zmarła
urodziła się   chodziła
~~zadebiutowała~~   wzięła
rozwiodła się   wyjechała
wyjechała   była

słowniczek

* zawrotna kariera – wielki sukces, ogromny sukces
* kino nieme – filmy bez dźwięku, bez głosu
* sanatorium – miejsce kuracji w górach lub nad morzem, dla osób chorych

POLA NEGRI – gwiazda kina przedwojennego, która zrobiła zawrotną karierę* w Ameryce.

a) .... w 1897 (w tysiąc osiemset dziewięćdziesiątym siódmym) roku w Lipnie.
b) .... na lekcje tańca i gry aktorskiej przez kilka lat.
c) ..._Zadebiutowała_........ na scenie w spektaklu „Śluby panieńskie" w Teatrze Małym w Warszawie.
d) .... bardzo poważnie i .... w sanatorium* w Zakopanem, w górach.
e) .... ślub w 1919 (w tysiąc dziewięćset dziewiętnastym) roku z Eugeniuszem Dąmbskim, ale w 1922 (w tysiąc dziewięćset dwudziestym drugim) roku para ....
f) W 1917 (w tysiąc dziewięćset siedemnastym) roku .... do Berlina.
g) W 1923 (w tysiąc dziewięćset dwudziestym trzecim) roku .... do Hollywood i .... tam gwiazdą kina niemego*.
h) .... z legendarnymi aktorami: Rudolfem Valentino i Charliem Chaplinem.
i) Po II wojnie światowej już nie .... w filmach, ... firmę maklerską i .... dużo pieniędzy – była bogata.
j) .... w Teksasie aż do śmierci w 1987 (w tysiąc dziewięćset osiemdziesiątym siódmym) roku. ...., kiedy miała 90 lat.

C. proszę zadać koleżance / koledze 5 pytań o biografię Poli Negri.

– Kim była Pola Negri?
– Gdzie ona się urodziła?
– …

D. proszę zaprezentować fakty z biografii Poli Negri, które pani / pan pamięta.

E. proszę wybrać znaną osobę ze swojego kraju i zaprezentować jej biografię.

Znana osoba z mojego kraju

Proszę wybrać słowa z pierwszej i drugiej kolumny, napisać 5 pytań (w czasie przeszłym), a potem zadać je koleżance / koledze.

SŁOWA PYTAJĄCE	CZASOWNIKI (PARY ASPEKTOWE)
Jak często?	czytać – przeczytać
Jak długo?	kupować – kupić
Kiedy?	oglądać – obejrzeć
Co?	podróżować
Kto?	gotować – ugotować
Dokąd?	studiować
Z kim?	przeprowadzać się – przeprowadzić się
Dlaczego?	malować – namalować
Gdzie?	spędzać – spędzić

TRZEBA PAMIĘTAĆ
ASPEKT

ASPEKT NIEDOKONANY	ASPEKT DOKONANY
czynność, która trwała jakiś czas w przeszłości albo się powtarzała	czynność zakończona lub wykonana jeden raz
Przykłady:	*Przykłady:*
pisać	napisać
czytać	przeczytać
dawać	dać
wstawiać	wstawić
oglądać	obejrzeć
brać	wziąć

Przykład:

1) *Co ostatnio kupiłeś / kupiłaś mamie na urodziny?*
2) ....
3) ....
4) ....
5) ....
6) ....

5

Proszę opowiedzieć o pracowitym dniu roboczym i leniwym dniu wolnym Maksymiliana.

• PRACOWITY TYDZIEŃ •

CO ROBIŁ CODZIENNIE W TYM TYGODNIU?

- wstawać – *Wstawał bardzo wcześnie – o 6:00.*
- pić
- jeść
- iść
- pisać
- spotykać się z
- czytać
- kupować
- wracać
- gotować
- chodzić spać

• LENIWA SOBOTA •

CO ZROBIŁ W TĘ SOBOTĘ?

- wstać – *W sobotę wstał późno – około 11:00.*
- wypić
- zjeść
- pójść
- napisać
- spotkać się
- przeczytać
- kupić
- wrócić
- ugotować
- pójść spać

To jest Maksymilian Wysocki. Od niedawna emeryt.

A jak wyglądał ostatnio pani / pana zwykły, pracowity dzień i leniwa sobota? Proszę opowiedzieć.

6

Proszę opowiedzieć:

a) kim oni są?
b) co ostatnio robili / zrobili?
c) co często robili, kiedy byli młodsi?

WARTO UŻYĆ

Być może…
Prawdopodobnie…
Pewnie…

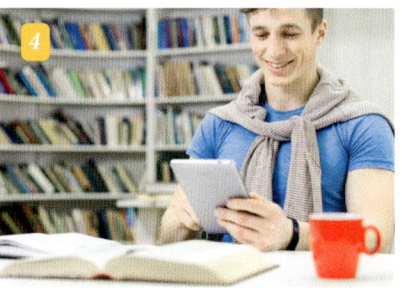

Przykład (fot. 4): *Myślę, że on jest studentem. Prawdopodobnie ostatnio dużo się uczył, bo miał egzaminy. Być może on studiuje ekonomię. Kiedy był młodszy, pewnie lubił matematykę i fizykę.*

7

Proszę narysować, co pani robiła / pan robił wczoraj (minimum 7 ilustracji), a potem proszę zamienić się materiałami z koleżanką / kolegą i opowiedzieć o jej / jego dniu.

 8

To są znani Polacy. Proszę wybrać jedną osobę. Proszę poszukać o niej informacji w internecie, zanotować najważniejsze fakty, a potem zaprezentować tę osobę na forum.

MARIA CURIE-SKŁODOWSKA (1867–1934)

FRYDERYK CHOPIN (1810–1849)

HALINA KONOPACKA (1900–1989)

KRZYSZTOF KIEŚLOWSKI (1941–1996)

A2

opis poziomu	A2
ESOKJ (opis ogólny poziomu)	„Osoba posługująca się językiem na tym poziomie rozumie wypowiedzi i często używane wyrażenia w zakresie tematów związanych z życiem codziennym (są to np. bardzo podstawowe informacje dotyczące osoby rozmówcy i jego rodziny, zakupów, otoczenia, pracy). Potrafi porozumiewać się w rutynowych, prostych sytuacjach komunikacyjnych, wymagających jedynie bezpośredniej wymiany zdań na tematy znane i typowe. Potrafi w prosty sposób opisać swoje pochodzenie i otoczenie, w którym żyje, a także poruszać sprawy związane z najważniejszymi potrzebami życia codziennego". (Źródło: Europejski system opisu kształcenia językowego 2003:33)
ESOKJ (mówienie)	„Interakcja: Potrafi brać udział w zwykłej, typowej rozmowie wymagającej prostej i bezpośredniej wymiany informacji na znane jej / mu tematy. Potrafi sobie radzić w bardzo krótkich rozmowach towarzyskich, nawet jeśli nie rozumie wystarczająco dużo, by samemu podtrzymać rozmowę. Produkcja: Potrafi posłużyć się ciągiem wyrażeń i zdań, by w prosty sposób opisać swoją rodzinę, innych ludzi, warunki życia, swoje wykształcenie, swoją obecną i poprzednią pracę". (Źródło: Europejski system opisu kształcenia językowego 2003:34-35)
Struktura egzaminu certyfikatowego	„W tej części egzaminu zadaniem zdającego jest stworzenie wypowiedzi ustnej w oparciu o różnorodne materiały – tekstowe i ikonograficzne. Zdający losują jeden z trzech zestawów, z których każdy składa się z dwóch lub trzech zadań, a następnie wykonują zadania przed komisją". Egzamin trwa nie dłużej niż 10 minut. Liczba możliwych do uzyskania punktów: 40. Próg zaliczenia wynosi co najmniej 50% punktów. (Źródło: http://certyfikatpolski.pl/o-egzaminie/struktura-egzaminu/)
Instrukcja wykonania zadań egzaminacyjnych	„W tej części egzaminu należy przedstawić siebie i swoich bliskich, zbudować monolog i odegrać rolę w dialogu z członkiem komisji. Po wylosowaniu zestawu zdający ma ok. 5 minut na przygotowanie się. Należy wykonać trzy zadania zgodnie z poleceniami". (Źródło: http://certyfikatpolski.pl/o-egzaminie/przykladowe-testy-zbiory-zadan/)

1 POWIEDZ MI, KIM JESTEŚ…?

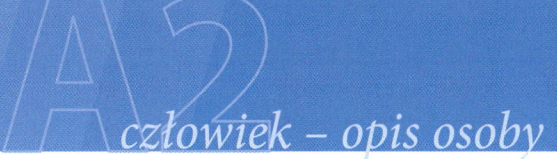
człowiek – opis osoby

To jest formularz aplikacyjny do agencji pracy.
A. Proszę dopasować słowa do kategorii.

Imię i nazwisko:
Wiek:
Data i miejsce urodzenia:
Stan cywilny:
Doświadczenie zawodowe:
Zainteresowania:
Znajomość języków obcych:
Wykształcenie:
Narodowość:
Miejsce zamieszkania:
Wygląd zewnętrzny:
Wzrost:
Cechy charakteru:

- fotografia, podróże, gotowanie
- Anna Nowak
- Gdańsk
- 24
- angielski – biegle, hiszpański – biegle, francuski – dobrze
- 15.03.1996, Gdańsk
- pewna siebie, energiczna, wesoła
- modelka, fotomodelka
- brunetka, szczupła
- 1,80 m
- panna
- Polka
- wyższe

B. Proszę opowiedzieć o tej osobie.

Przykład: Ona nazywa się Anna Nowak i ma 24 lata. Urodziła się w…

Proszę teraz opowiedzieć o sobie i o swojej koleżance / swoim koledze. Proszę:
A. uzupełnić formularz informacjami o sobie.

IMIĘ I NAZWISKO:
WIEK:
DATA I MIEJSCE URODZENIA:
STAN CYWILNY:
DOŚWIADCZENIE ZAWODOWE:
ZAINTERESOWANIA:
ZNAJOMOŚĆ JĘZYKÓW OBCYCH:
WYKSZTAŁCENIE:
NARODOWOŚĆ:
MIEJSCE ZAMIESZKANIA:
WYGLĄD ZEWNĘTRZNY:
WZROST:
CECHY CHARAKTERU:

B. zadać pytania koleżance / koledze, zanotować jej / jego odpowiedzi i opowiedzieć o niej / o nim.

IMIĘ I NAZWISKO:
WIEK:
DATA I MIEJSCE URODZENIA:
STAN CYWILNY:
DOŚWIADCZENIE ZAWODOWE:
ZAINTERESOWANIA:
ZNAJOMOŚĆ JĘZYKÓW OBCYCH:
WYKSZTAŁCENIE:
NARODOWOŚĆ:
MIEJSCE ZAMIESZKANIA:
WYGLĄD ZEWNĘTRZNY:
WZROST:
CECHY CHARAKTERU:

C. opowiedzieć o osobie, którą pani / pan lubi, albo o osobie, której pani / pan nie lubi. Proszę uzasadnić.

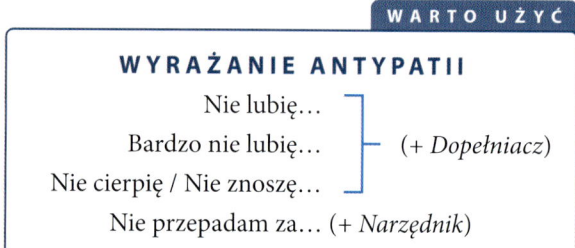

WARTO UŻYĆ

WYRAŻANIE SYMPATII

Lubię… (+ *Biernik*), bo…
Bardzo lubię… (+ *Biernik*) za to, że…
Uwielbiam… (+ *Biernik*), bo… / za…
Przepadam za… (+ *Narzędnik*), ponieważ…

WARTO UŻYĆ

WYRAŻANIE ANTYPATII

Nie lubię…
Bardzo nie lubię…   (+ *Dopełniacz*)
Nie cierpię / Nie znoszę…
Nie przepadam za… (+ *Narzędnik*)

Przykład: Lubię moją koleżankę Olę. Poznałyśmy się w liceum, siedziałyśmy razem w ławce. Bardzo lubię ją za to, że zawsze jest przy mnie i…

Przykład: Nie cierpię mojego sąsiada z bloku. Jest arogancki i hałaśliwy. Niestety, często organizuje imprezy, które trwają do późna…

3

Anna Nowak wysłała formularz aplikacyjny i teraz rozmawia z panią Aleksandrą.

A. Proszę przeczytać dialog, a następnie opowiedzieć o tych osobach.

Anna: Dzień dobry, mówi Anna Nowak.

Pani Aleksandra: Aaa, to pani, dzień dobry. Cieszę się, że pani oddzwania. Czy podjęła pani decyzję?

Anna: Długo się nad tym zastanawiałam, kiedy przedstawili mi państwo ofertę. Zdecydowałam się.

Pani Aleksandra: Miło mi to słyszeć. Na pewno będzie pani zadowolona.

Anna: Nie znam dobrze języka włoskiego. Mówię doskonale po angielsku, po hiszpańsku i dobrze po francusku. Czy to będzie problem?

Pani Aleksandra: Ależ skąd. Na miejscu będzie pani mogła zapisać się na kurs i na pewno szybko opanuje pani język. Mediolan to bardzo duże miasto. Są tam świetne szkoły językowe.

Anna: To dobrze. Jakie dane będą pani potrzebne?

Pani Aleksandra: Informacje na temat daty i miejsca urodzenia, stanu cywilnego, pani wykształcenia i doświadczenia zawodowego, znajomości języków obcych, zainteresowań i oczywiście najważniejsze – pani wzrost, wymiary, kolor oczu. Bardzo panią przepraszam, ale zaraz mam ważne spotkanie. Skontaktuję się z panią po 15:00.

Anna: Dobrze, będę czekała na pani telefon. Do widzenia.

Pani Aleksandra: Do usłyszenia.

Jak pani / pan myśli, …
- kim one są?
- ile mają lat?
- jak wyglądają?
- skąd się znają?
- co robią?

WARTO UŻYĆ

WYRAŻANIE PRZYPUSZCZENIA

Wydaje mi się, że…

Prawdopodobnie

Być może

Nie jestem pewny / pewna, ale chyba…

Nie wiem, ale może…

B. Pani Aleksandra oddzwania do Anny Nowak. Jak wyglądała ich następna rozmowa telefoniczna? Proszę przygotować ten dialog.

4

Są zawody, w których kariery kończy się trochę wcześniej. Jakie to zawody? Co pani / pan o tym myśli?

A. Proszę przeczytać tekst wywiadu, dopasować pytania do odpowiedzi i powiedzieć, czy kariera modelki kończy się po trzydziestym roku życia.

A. W jaki sposób planujesz rozwijać swoją karierę?
B. Co doradziłabyś osobom, które chciałyby zacząć przygodę w świecie modelingu?
C. Czy teraz praca w modelingu wypełnia cały twój czas?
D. Mówi się, że modeling ma plusy i minusy. Co dał ci modeling?
E. Kiedy i w jaki sposób zaczęła się twoja praca w modelingu?

BYĆ MODELKĄ po trzydziestce

Wywiad z Darią Małobłocką – modelką (od 17 lat), wielbicielką sportu i morza.

(1) ....
Moja przygoda z modelingiem zaczęła się w moim rodzinnym mieście, Włocławku, gdy miałam 16 lat. Jako nastolatka byłam wysoka, szczupła. Wiele osób mówiło, że mam oryginalną urodę i że powinnam spróbować swoich sił jako modelka. Poszłam do agencji na casting i ktoś mnie zauważył. Moi rodzice bardziej kierowali mnie w stronę nauki, zdobycia wykształcenia* niż modelingu. Nie wiem, czy to dobrze, kilka razy w życiu żałowałam, że nie poświęciłam się bardziej pracy modelki, bo być może teraz byłabym gdzieś dalej: w Paryżu albo w Nowym Jorku. Nie mówię, że to źle, bo dzięki temu mam też inny zawód, który mogę wykonywać.

(2) ....
Nie, nigdy nie wypełniała tak naprawdę. Może ze względu na to, że nigdy nie było to moje główne zajęcie. Skończyłam anglistykę i przez

10 lat uczyłam w szkole. Uwielbiam uczyć, ale robię to już tylko na zajęciach prywatnych.

(3) ....

Byłam zawsze nieśmiałą i zawstydzoną dziewczynką. Na pewno modeling pozwolił mi otworzyć się na świat, zrozumieć, że nie tylko ja mam kompleksy i że w sumie nie trzeba się nimi tak bardzo martwić. Z roku na rok zmieniało się też moje postrzeganie własnego ciała. Kiedyś po prostu myślałam, że moje ciało jest fajne. Teraz też jest fajne, ale muszę nad nim bardziej pracować. Jestem wysportowana: biegam, uprawiam fitness, chodzę na zajęcia z jogi i bardzo to lubię.

(4) ....

Odkryłam w sobie różne talenty. Dzięki pracy w modelingu zainteresowałam się fotografią, a potem filmem i reklamą. Kilka razy udało mi się zagrać w teledyskach i jest to zupełnie inne doświadczenie niż pozowanie do zdjęć czy praca na wybiegu*, w tym kierunku chcę się rozwijać. W przyszłości chciałabym też skończyć szkołę wizażu, żeby móc pracować przy sesjach zdjęciowych, ale już nie jako modelka, tylko po drugiej stronie obiektywu*. Nie spoczywam na laurach*.

(5) ....

Świat modelingu się zmienia. Duży wpływ na tę zmianę mają oczywiście social media, to, że każdy może się teraz pokazać. Dzięki mediom społecznościowym wchodzą do świata mody także alternatywne modelki, np. z tatuażami, z piercingami. Jest różnorodność. Zachęcam wszystkich, którzy czują, że mogą coś osiągnąć w modelingu albo po prostu chcieliby przeżyć coś niezwykłego, do zgłaszania się na castingi, do agencji, bo to jest po prostu ciekawe doświadczenie.

słowniczek
* wykształcenie – edukacja
* wybieg – chodzą po nim modelki i modele w czasie pokazu mody
* obiektyw – część aparatu fotograficznego

*IDIOM
* spoczywać na laurach – nic nie robić po odniesieniu sukcesu, przestać rozwijać się zawodowo

B. Proszę opowiedzieć o przebiegu kariery Darii Małobłockiej (proszę używać podanych słów).

| Włocławek | casting | nauka | anglistyka | ciało |
| talenty | wizaż | joga | teledyski | |

C. Pani / Pana koleżanka chce zostać modelką. Proszę opowiedzieć jej o ciekawym artykule, który pani przeczytała / pan przeczytał (tekst z zadania 4A), i dać jej kilka wskazówek (na podstawie artykułu).

5

Niektórzy są samoukami i robią karierę w bardzo młodym wieku, tak jak Tomek Bagiński.

A. Proszę popatrzeć na ilustracje, używać podanych wyrażeń i opowiedzieć historię jego kariery.

pracować dużo na komputerze

studiować architekturę

pracować nad filmem animowanym „Katedra"

dostać nominację do Oskara za film animowany „Katedra"

odnieść międzynarodowy sukces razem z agencją graficzną *Platige Image*

przygotować film promujący Polskę na wystawie Expo w Szanghaju

dużo podróżować

reżyserować filmy

pracować przy produkcji serialu „Wiedźmin"

odnieść spektakularny sukces dzięki pracy nad serialem „Wiedźmin"

B. Proszę pracować z koleżanką / kolegą. Jedna osoba jest dziennikarzem, druga wciela się w Tomka Bagińskiego. Proszę przygotować krótki wywiad podobny do tego w zadaniu nr 4. Proszę użyć minimum 5 słów z ramki.

Przykład: Co studiowałeś?

| Kto? | Co? | Kiedy? | Gdzie? | Dlaczego? | Jak? | Jaki? |
| Skąd? | Dokąd? | Ile? | Czym? | Z kim? | O czym? | |

C. proszę opowiedzieć o znanej osobie z pani / pana kraju, która odniosła międzynarodowy sukces.

~ PRZYKŁADOWE ZADANIA CERTYFIKATOWE ~

To są przykładowe zadania certyfikatowe.

Nagrania modelowych wypowiedzi egzaminacyjnych do zadań I, II i III można pobrać ze strony internetowej **www.prologpublishing.com/download**. Kod do pobrania plików znajduje się na wewnętrznej okładce.

W nagraniach usłyszy pani / pan, jak może wyglądać egzamin. Lektorzy odgrywają role studentów i egzaminatora.

Szczegółowe informacje na temat egzaminu certyfikatowego oraz przykładowe testy znajdują się na stronie **www.certyfikatpolski.pl**.

Proszę odpowiadać na pytania egzaminatora.

1. Jak się pani / pan nazywa?
2. Skąd pani / pan jest?
3. Gdzie pani / pan teraz mieszka?
4. Czym się pani / pan zajmuje?
5. Jakie jest pani / pana hobby?
6. Jaki ma pani / pan charakter?
7. Jaka jest pani / pana wymarzona praca?

Proszę opowiedzieć o tej osobie na podstawie fotografii:

Przykład: Na fotografii widzę młodą kobietę. Myślę, że jest modelką, bo…

Pani / Pana kolega niedawno otworzył małą kawiarnię i szuka kelnera / kelnerki. Pyta panią / pana o radę, ponieważ ma troje kandydatów i nie wie, kogo wybrać.

	KANDYDACI:		
IMIĘ:	KASIA	WIKTOR	WIESŁAWA
WIEK:	18 lat	22 lata	50 lat
ZAWÓD / ZAJĘCIE:	maturzystka	student	kucharka
DOŚWIADCZENIE:	brak doświadczenia	2 lata, pizzeria	20 lat, stołówka szkolna
DODATKOWE INFORMACJE:	język angielski, pewna siebie	prawo jazdy kat. B, niepunktualny	obsługa kasy fiskalnej, odpowiedzialna

WSKAZÓWKI

WARTO UŻYĆ

DZIĘKOWANIE
Dziękuję.
Bardzo dziękuję.
Dziękuję za wszystko.
Dziękuję za… (+ *Biernik*)
Jestem wdzięczna / wdzięczny.
Dzięki. (*nieformalnie*)
Nawet nie wiesz, jaka / jaki jestem ci wdzięczna / wdzięczny. (*nieformalnie*)

WARTO UŻYĆ

RADA (DORADZANIE)
Myślę, że (nie) powinnaś / powinieneś…
Wydaje mi się, że musisz… / nie możesz…
Na pewno (nie) warto…
Zdecydowanie (nie) warto…
Na twoim miejscu… (+ *tryb przypuszczający*)

WARTO UŻYĆ

REAKCJA NA PODZIĘKOWANIE
Nie ma za co.
Cała przyjemność po mojej stronie.
Cieszę się, że mogłam / mogłem pomóc.

CZY MASZ RODZEŃSTWO?

rodzina

1

Z czym kojarzy się pani / panu słowo „rodzina"?

A. Proszę uzupełnić schemat.

Kto?
matka / mama
....
teść, teściowa
....
....
rodzeństwo
....
....

Gdzie mieszka?
....
....
na wsi
za granicą
w bloku

Jaka?
....
....
wielopokoleniowa
....

RODZINA

Co robi razem?
....
....
....
odpoczywa

B. Proszę przeczytać słowa w diagramie, a następnie uzupełnić nimi zdania.

```
R A Z E M
O D P O W I E D Z I A L N Y
D O M
Z A W S Z E
I N T Y M N E
N A T U R A L N Y
A W A N T U R A
```

*IDIOM

* iść / pójść po rozum do głowy – zastanowić się, znaleźć rozwiązanie, pomyśleć nad czymś i znaleźć na coś radę

a) Często ja i moja siostra <u>razem</u> oglądamy filmy wieczorem.

b) Marek jest bardzo _ _ _ _ _ _ _ _ _. Nigdy nie gra, zawsze jest sobą.

c) Moja siostra _ _ _ _ _ _ mówi mi, że powinienem mniej pracować.

d) Mój brat został tatą. Teraz jest naprawdę bardzo _ _ _ _ _ _ _ _ _ _ _ _ _ .

e) Mój rodzinny _ _ _ to miejsce, do którego chętnie wracam.

f) Myślałam, że ta rodzinna _ _ _ _ _ _ _ _ nigdy się nie skończy! Na szczęście mój brat poszedł po rozum do głowy*.

g) Ten park to dla mnie bardzo _ _ _ _ _ _ _ miejsce. Wiesz o tym tylko ty i Ania.

C. Proszę wybrać minimum trzy słowa z zadań 1A i 1B, a potem użyć ich i opowiedzieć o swojej rodzinie.

2

To jest wielopokoleniowa rodzina państwa Majewskich.

Proszę popatrzeć na fotografię, a następnie zapytać o tę rodzinę koleżankę / kolegę. Proszę używać słów z ramki.

Kto?	Kim?
Jaki/a/e? Co?	Ile?
Kiedy?	Skąd?
Dlaczego?	Czym?

Przykład:
– Jak myślisz, kim są dla siebie Maria i Hanna?
– Wydaje mi się, że Maria jest teściową Hanny, a Hanna jest jej synową.

– Jak myślisz, ile lat ma Hanna?
– Nie jestem pewna / pewny, ale chyba ma…

WARTO UŻYĆ

WYRAŻANIE PRZYPUSZCZENIA

– wydaje mi się, że…
– prawdopodobnie
– być może
– nie jestem pewna / pewny, ale chyba…
– nie wiem, ale może…

3

@ **Na fotografiach są dwie rodziny: państwa Michalskich i państwa Zabłockich. Proszę popatrzeć na zdjęcia i opowiedzieć o tych rodzinach według podanego schematu.**

Katarzyna i Karol Michalscy z psem Miką

Ta rodzina jest ....
.... (jaka?).

To ....
.... (ile?) osoby.

Myślę, że to są: ....
.... (kto?).

Być może ....
....

Moim zdaniem ....
....

Dorota i Tomasz Zabłoccy z dziećmi Damianem i Julią oraz kotem Mruczkiem

Ta rodzina jest ....
.... (jaka?).

To ....
.... (ile?) osoby.

Myślę, że to są: ....
.... (kto?).

Być może ....
....

Moim zdaniem ....
....

B. To są znani Polacy. Proszę poszukać w internecie informacji o rodzinach Martyny Wojciechowskiej i Krzysztofa Hołowczyca, a potem zaprezentować te informacje.

WARTO WIEDZIEĆ

Martyna Wojciechowska jest polską podróżniczką i dziennikarką. Prowadzi popularny program telewizyjny „Kobieta na krańcu świata".

WARTO WIEDZIEĆ

Krzysztof Hołowczyc to były kierowca rajdowy, wielokrotny mistrz Polski. W 2015 roku zajął trzecie miejsce w Rajdzie Paryż–Dakar.

@ **4**

Model rodziny zmienia się z upływem czasu. Jak wygląda pani / pana zdaniem dziś, a jak wyglądał 100 lat temu?

Proszę przeczytać tekst, podkreślić w nim najważniejsze informacje, a potem powiedzieć, o czym jest.

WSPÓŁCZESNY MODEL RODZINY

A jaki model rodziny jest popularny w pani / pana kraju?

Obecnie trudno mówić o jednym dominującym modelu rodziny. Sto lat temu wyglądało to zupełnie inaczej. Wtedy to mężczyzna pracował, a kobieta zajmowała się domem i dziećmi. Dzisiaj to nie jest reguła, ponieważ i kobiety, i mężczyźni są aktywni zawodowo. Razem wychowują dzieci i dzielą się obowiązkami domowymi (np. sprzątają, robią zakupy, gotują, zmywają naczynia, wynoszą śmieci, wychodzą na spacer z psem, prasują, robią pranie). Są też takie rodziny, w których kobieta chodzi do pracy, a mężczyzna rezygnuje z kariery zawodowej. Pary zwykle mają jedno lub dwoje dzieci. Teraz ludzie częściej się rozwodzą i zakładają nowe rodziny. Taka rodzina złożona z osób z poprzednich i obecnych związków jest nazywana patchworkową.

5

Uroczystości to ważna część życia rodzinnego.

A. Jakie uroczystości rodzinne obchodzi się w pani / pana kraju? W jaki sposób się je świętuje? Czy wie pani / pan, jakie uroczystości rodzinne są popularne w Polsce?

B. Proszę popatrzeć na fotografie i powiedzieć, jakie to są uroczystości rodzinne. Dlaczego pani / pan tak myśli?

• **UROCZYSTOŚCI RODZINNE** •

1   2   3   4

Przykład: Fot.1. Według mnie to są imieniny, ponieważ widać rodzinę, która świętuje razem. Młody mężczyzna, być może to jest syn, daje prezent swojej mamie albo cioci. Na stole jest dużo jedzenia. Wszyscy mają dobry nastrój. Wiem, że Polacy obchodzą imieniny podobnie jak urodziny.

C. Z jakiej okazji można to powiedzieć? Proszę dopasować życzenia do uroczystości z punktu B (Uwaga! Niektórych życzeń można użyć kilka razy!).

1	2	3	4	SKŁADANIE ŻYCZEŃ
		x		Drodzy Państwo Młodzi! Najlepsze życzenia: miłości i szczęścia!
				Kolejnych 25 (dwudziestu pięciu) lat razem!
				Najlepsze życzenia z okazji ślubu!
				Sto lat!
				Sukcesów w pracy i w życiu zawodowym!
				Wszystkiego najlepszego na nowej drodze życia!
				Wszystkiego najlepszego, Córeczko! Jak szybko minęło te 18 lat!
				Zdrowia, szczęścia, pomyślności!

D. Pani / Pana polska znajoma zaprosiła panią / pana na swój ślub i swoje wesele. Proszę wyrazić radość, a potem zapytać ją o szczegóły uroczystości (data, godzina, miejsce, prezenty, strój, osoba towarzysząca itd.).

Przykład:
- ...
- *Czy mogłabym / mógłbym przyjść z osobą towarzyszącą?*
- *Oczywiście. Zaproszenie jest dla dwóch osób.*
- ...

> **WARTO UŻYĆ**
> **WYRAŻANIE RADOŚCI**
> To wspaniała wiadomość!   Ale super!
> Bardzo się cieszę!   Ale fajnie!

E. Jest pani / pan na weselu polskiej znajomej. Proszę wznieść toast za młodą parę.

Przykład: Chciałabym / Chciałbym wznieść toast za młodą parę. Życzę wam, moi drodzy, wszystkiego najlepszego na nowej drodze życia, dużo...

> **WARTO UŻYĆ**
> **TOASTY**
> Chciałabym / Chciałbym wznieść toast za... (+ *Biernik*)
> (Wypijmy) za... (+ *Biernik*)!

PRZYKŁADOWE ZADANIA CERTYFIKATOWE

I

Proszę odpowiedzieć na pytania.

1. Którą uroczystość rodzinną pani / pan lubi najbardziej? Dlaczego?
2. Kiedy ma pani / pan urodziny?
3. Jak pani / pan zwykle spędza dzień swoich urodzin?
4. Jaki prezent chciałaby pani / chciałby pan dostać z okazji urodzin?
5. Czy lubi pani / pan urodzinowe przyjęcia niespodzianki? Dlaczego?
6. Czy pamięta pani / pan swoje najlepsze urodziny? Proszę o nich opowiedzieć.
7. Gdzie chciałaby pani / chciałby pan spędzić kolejne urodziny? Dlaczego?

II

Proszę opowiedzieć o tej osobie na podstawie fotografii.

Przykład: Na fotografii widzę mężczyznę w średnim wieku. Być może ma między 40 a 50 lat. Myślę, że…

W najbliższy weekend organizuje pani / pan przyjęcie urodzinowe. Proszę zadzwonić do swojej koleżanki / swojego kolegi i zaprosić ją / go na swoje urodziny. Proszę poinformować ją / go o tym: gdzie będzie przyjęcie, kiedy, o której godzinie.

WARTO UŻYĆ

ZAPRASZANIE

Zapraszam cię na (+ *Biernik*) / do (+ *Dopełniacz*)
Chciałabym / chciałbym cię zaprosić na (+ *Biernik*) / do (+ *Dopełniacz*)
W sobotę organizuję przyjęcie urodzinowe. Przyjdziesz?

WARTO UŻYĆ

ROZMOWA TELEFONICZNA

Słucham. / Halo.
Tu… / Mówi…
Miło mi cię słyszeć.
Miło, że dzwonisz.
Dziękuję za telefon.
Do usłyszenia.
Słabo cię słyszę. Coś przerywa.
Możesz powtórzyć?

WARTO UŻYĆ

AKCEPTACJA

Oczywiście!
Z przyjemnością!
Jasne!
Pewnie! O której?
Na pewno będę. Dziękuję za zaproszenie.

WARTO UŻYĆ

ODMOWA

Niestety, nie mogę.
Niestety, nie mam czasu.
Przykro mi, ale nie mogę.

WARTO UŻYĆ

WAHANIE

Nie wiem, czy dam radę.
Jeszcze potwierdzę.
Dam znać w piątek, dobrze?
Postaram się przyjść.

WSKAZÓWKI

3 UWIELBIAM TAŃCZYĆ!

A2 sposoby spędzania wolnego czasu

1

Każdy lubi spędzać czas wolny inaczej. Niektórzy wolą kanapę i pilot od telewizora, a inni wyciskają siódme poty w siłowni. Co można robić w wolnym czasie?

A. Proszę uzupełnić diagram.

- **CZYTAĆ** (co?)
- **GRAĆ** (w co?) (na czym?)
- **GOTOWAĆ** (co?)
- **ZWIEDZAĆ** (co?)
- **CZAS WOLNY**
- **CHODZIĆ / JEŹDZIĆ** (na co?) (dokąd?) — *na festiwal, na wycieczkę, do kina*
- **OGLĄDAĆ** (co?)

B. Proszę użyć minimum jednego wyrażenia z każdej kategorii i opowiedzieć o tym, co pani / pan zwykle robi w wolnym czasie.

2

Rozmawia pani / pan z nowo poznaną koleżanką / nowo poznanym kolegą. Rozmawiają państwo o tym, w jaki sposób spędzają państwo czas wolny. Proszę odpowiedzieć na pytania. Co pani / pan woli? Dlaczego?

a) Oglądać sport w telewizji czy uprawiać sport?
b) Czytać książkę czy oglądać film na podstawie książki?
c) Biegać w parku czy zwiedzać muzeum?
d) Grać na komputerze czy grać w siatkówkę?
e) Wędrować po górach czy spacerować po plaży nad morzem?
f) Podróżować pociągiem czy autostopem?
g) Gotować obiad samodzielnie czy jeść obiad w restauracji?
h) Oglądać albumy ze zdjęciami czy robić zdjęcia?

WARTO UŻYĆ

WYRAŻANIE PREFERENCJI

Konstrukcja woleć + *Biernik* lub woleć + *bezokolicznik*

Wolę góry niż morze. (woleć... + *Biernik* niż... + *Biernik*)

Wolę piłkę nożną od koszykówki. (woleć... + *Biernik* od... + *Dopełniacz*)

Wolę tańczyć salsę niż oglądać seriale w telewizji. (+ *bezokolicznik*)

3

Dziennikarz przeprowadza na ulicy sondę na temat zainteresowań Polaków. Różne osoby opowiadają o swoich pasjach.

A. Proszę przeczytać teksty i zdecydować, jakie jest ich hobby. Proszę napisać swoje propozycje w pustych miejscach w tekstach.

HENRYK, 59 lat

Uwielbiam .... *łowić ryby* ....[1]! Każdą wolną chwilę spędzam nad jeziorem lub nad rzeką. Zwykle jeżdżę nad wodę w weekendy. Wstaję wcześnie rano, biorę potrzebny sprzęt, zakładam specjalne ubranie. Tylko moja żona czasami narzeka, że ciągle jemy ryby.

ANIA, 35 lat

Kocham ....[2]! Zaczynałam jako dziecko. Każdą zimę spędzałam z rodzicami w górach. Teraz też minimum dwa razy w roku jeżdżę w Tatry lub Sudety z moim chłopakiem. Kiedy jestem już zmęczona, zwykle piję grzańca w górskim schronisku. To wspaniały sport, trzeba tylko jeździć ostrożnie, zawsze mieć kask i unikać kontuzji.

SARA, 28 lat

Nie mogę żyć bez ....[3]! Chodzę tam, kiedy tylko mam czas. Po seansie czytam różne opinie innych widzów. Czytam też profesjonalne recenzje krytyków, a potem czasami opisuję moje wrażenia po seansie. Jestem studentką, dlatego nie płacę dużo za bilet i mogę chodzić tam co kilka dni. Najbardziej lubię festiwale, kiedy seanse są nie w sali, ale w plenerze, np. w parku.

ADAM, 31 lat

....................................[4] to moja pasja! Przyrządzam różne potrawy – tradycyjne polskie, ale także z innych krajów. Lubię smaki Włoch, Tajlandii i wiele innych. Jestem łasuchem, uwielbiam słodycze. Mój ulubiony deser to tort czekoladowy z bitą śmietaną. Ma dużo kalorii, ale jak smakuje!

MALWINA, 16 lat

Bardzo lubię ....[5]. Gram w szkole z koleżankami i kolegami, ale też po lekcjach w sali sportowej. To świetny sport, bo można grać na plaży latem, a zimą w hali. Potrzebne są tylko piłka i siatka, trzeba też znać reguły gry. W każdej drużynie powinno być sześć osób, ale czasami nasze zespoły są mniejsze.

MAREK, 26 lat

Moje hobby to ....[6]. Uczę się od dzieciństwa. Ciekawe są dla mnie różne alfabety. Bardzo lubię poznawać nowe słowa. Uwielbiam uczyć się idiomów. Lubię też poznawać nowe konstrukcje gramatyczne. To praktyczne hobby, bo dzięki temu kiedy podróżuję, mogę bez problemu komunikować się w różnych częściach świata.

B. Proszę dopasować zdjęcia do tekstów z ćwiczenia 3A. Proszę uzasadnić.

A. *To zdjęcie pasuje do hobby Adama, bo…*

B.

C.

D.

E.

F.

C. Proszę zakryć teksty z ćwiczenia 3A i patrzeć tylko na fotografie z ćwiczenia 3B. Proszę opowiedzieć o zainteresowaniach Henryka, Ani, Sary, Adama, Malwiny i Marka.

4

Pływanie czy taniec? Czytanie czy wspinaczka? Spacer po lesie czy ćwiczenia na siłowni?

A. Proszę popatrzeć na ilustracje. Proszę porównać te sposoby spędzania wolnego czasu.

Przykład: Osoba na fotografii 1A lubi pływać, a osoby, które są na fotografii 1B, lubią tańczyć. Pływanie to sport indywidualny, musimy pojechać nad wodę albo pójść na basen i kupić bilet wstępu. A taniec to...

B. Proszę przeczytać fragmenty dialogów, dopasować do fotografii z ćwiczenia 4A, a następnie:
- napisać zakończenie dialogu A,
- napisać początek dialogu B,
- napisać początek i zakończenie dialogu C.

DIALOG A

– Cześć, co u ciebie?

– Hej, w porządku. Właśnie szukam jakichś fajnych zajęć na siłowni, bo ciągle bolą mnie plecy od siedzenia przed komputerem.

– Serio? Po co ci siłownia? Przecież musisz za to płacić. Ja wolę spacer w lesie. Natura, świeże powietrze, spokój.

– ....
– ....
– ....
– ....
– ....

DIALOG B

– ....
– ....
– ....
– ....
– ....
– ....

– Masz rację, dzięki za radę, kurs tańca faktycznie jest lepszym pomysłem niż pływanie.

– Kasiu, nie ma za co. A tak w ogóle to znam całkiem dobrą szkołę tańca, mogę ci dać numer telefonu.

– Super, dzięki.

DIALOG C

– ....
– ....
– ....
– Tato, ale ty ciągle siedzisz z nosem w książkach* albo przed komputerem. Bartek ze swoim tatą chodzi na kurs wspinaczkowy. Mówi, że to jest super. Może my też pójdziemy?

– Maciek, co to za pomysł, przecież wiesz, że mam dużo pracy i nie mam czasu.
– No tato, ale mówiłeś, że w środę kończysz wcześniej pracę.
– ....
– ....
– ....

*IDIOM

* siedzieć z nosem w książkach – dużo czytać

5. Chce pani / pan zapisać siebie i swoje dziecko na zajęcia sportowe. Która oferta jest pani / pana zdaniem najbardziej interesująca? Proszę popatrzeć na ulotki, a potem:

A. proszę odpowiedzieć na pytania:

– Dla dzieci w jakim wieku są oferowane zajęcia wspinaczkowe?
– Co obejmuje opłata za zajęcia sportowo-rekreacyjne dla dzieci?
– Do kogo jest skierowana oferta szkoły tańca?
– W jaki sposób można zgłosić się na kurs tańca?
– Czy można uczestniczyć w zajęciach fitness zdalnie?
– Za co nie trzeba płacić w klubie fitness?

B. proszę dopasować dialogi do ulotek:

DIALOG A | ULOTKA NUMER .....

– Dzień dobry, chciałabym zapisać się na kurs tańca.
– Jaki taniec panią interesuje?
– Tango.
– Czy tańczyła pani już kiedyś?
– Nie, nie tańczyłam.
– W takim razie proponuję zajęcia w grupie początkującej w środy o 18.00.
– Środa pasuje mi idealnie.
– Świetnie, dopiszę panią do grupy. Proszę podać imię i nazwisko.
– Katarzyna Sosnowska.
– Zapraszamy w środę o 18.00.
– Dziękuję, do widzenia.

DIALOG B | ULOTKA NUMER .....

– Dzień dobry, chciałbym zapisać syna na kurs wspinaczki, ale najpierw mam kilka pytań.
– Dzień dobry. Oczywiście, słucham.
– Kiedy zaczynają się zajęcia?
– 29 czerwca i trwają pięć dni.
– Czy to znaczy, że zajęcia są codziennie?
– Tak, każdego dnia do 3 lipca.
– A od której do której się odbywają?
– To zależy od grupy wiekowej. Ile lat ma pana syn?
– Dziesięć.
– W takim razie późniejsza grupa i dzieci trenują od 12.30 do 14.30.
– Aha, rozumiem. A jaki jest koszt?
– 300 złotych. W cenę wliczone są sprzęt i lekcje z instruktorem.
– Dobrze, proszę zapisać mojego syna do grupy. Nazywa się Maciej Graczewski.

DIALOG C | ULOTKA NUMER .....

– Dzień dobry. Chciałabym zapisać się na siłownię. W jakich godzinach jest czynna?
– Codziennie od 6:30 do 22:00.
– Ile kosztuje pojedyncze wejście?
– 35 złotych, ale jeśli ma pan naszą ulotkę, to pierwsze wejście jest bezpłatne.
– A ile kosztuje miesięczny karnet?
– 150 złotych. Mamy zniżki dla stałych klientów i dla par.
– Dziękuję za informacje.

C. proszę przygotować podobne dialogi:

1) Chce się pani / pan zapisać z koleżanką / kolegą na kurs tańca. Proszę zapytać o szczegóły.
2) Chce pani / pan chodzić na siłownię w weekendy. Proszę zapytać o szczegóły.
3) Chce pani / pan zapisać swoje dziecko na kurs wspinaczki. Proszę zapytać o szczegóły.

WARTO UŻYĆ

PROŚBA O INFORMACJĘ

Chciałabym / Chciałbym zapytać, …
Czy może mi pani / pan powiedzieć, …
Czy mogłaby mi pani / mógłby mi pan powiedzieć, …
Czy wie pani / pan, …
Mam kilka pytań. Czy mogę…?

PRZYKŁADOWE ZADANIA CERTYFIKATOWE

I

Proszę odpowiedzieć na pytania.

1. Jakie jest pani / pana hobby?
2. Gdzie zwykle spędza pani / pan wolny czas?
3. Z kim pani / pan lubi spędzać wolny czas?
4. Co lubi pani / pan robić latem, a co zimą?
5. Czy uprawia pani / pan sport? Jeśli tak, jaki?
6. Czy woli pani / pan sporty indywidualne czy grupowe? Dlaczego?
7. Jak wyglądałby pani / pana idealny wolny dzień?

II

Proszę opowiedzieć o tej osobie na podstawie fotografii.

Przykład: Na fotografii widzę młodego mężczyznę. Myślę, że…

III

Jest piątek. Pani / Pana kolega nie ma planów na weekend. Proszę opowiedzieć mu, jak pani / pan spędza wolny czas, a potem proszę zaproponować spotkanie – proszę podać termin i miejsce oraz powiedzieć, co będziecie robić.

WSKAZÓWKI

WARTO UŻYĆ

PROPONOWANIE
Może…?
Co ty na…?
Co powiesz na…?
Czy masz ochotę…?
Chciałabyś / Chciałbyś…?

WARTO UŻYĆ

AKCEPTACJA
Oczywiście!
Z przyjemnością!
Jasne!
Dlaczego nie? O której?
Na pewno będę.

WARTO UŻYĆ

WAHANIE
Nie wiem, czy dam radę.
Jeszcze potwierdzę.
Dam ci jeszcze znać, dobrze?
Postaram się, ale nie obiecuję.

WARTO UŻYĆ

ODMOWA
Niestety, nie mogę.
Niestety, nie mam czasu.
Przykro mi, ale nie mogę.

4 GDZIE MIESZKASZ? *mieszkanie*

1

Kamienica w rynku czy dom jednorodzinny na wsi? Proszę powiedzieć, gdzie chciałaby pani / chciałby pan mieszkać, a gdzie nie chciałaby pani / nie chciałby pan mieszkać. Dlaczego?

Przykład: (Nie) Chciałabym / (Nie) Chciałbym mieszkać w… (+ Miejscownik), bo…

drapacz chmur w ścisłym centrum

chatka w górach

dom nad jeziorem

blok na strzeżonym osiedlu

kamienica w rynku

willa pod miastem

bliźniak na przedmieściach

dom jednorodzinny na wsi

dom na plaży

2

Gdzie mieszka się najlepiej? W mieszkaniu czy w domu? W centrum czy na peryferiach? Nad morzem czy w górach? Razem z partnerką / partnerem wybierają państwo miejsce do zamieszkania. Dyskutują państwo o tym.

mały	duży	ładny	jasny	tani
brzydki	zły	ciemny	wygodny	
dobry	luksusowy	przytulny	drogi	

A. Proszę porównać budynki z ćwiczenia 1 według podanego przykładu.

Przykład: Chatka w górach jest tak samo ładna jak dom na plaży, ale jest od niego mniejsza.

B. Pani / Pana znajomi też szukają nieruchomości. Proszę im doradzić, gdzie powinni zamieszkać i dlaczego.

Przykład a: Zdecydowanie powinniście razem ze swoimi bliźniętami zamieszkać w bliźniaku na przedmieściach, bo będziecie mieć swój ogród, no i wiecie, pewnie też będą sąsiedzi, którzy mają dzieci. Poza tym…

a) młode małżeństwo z bliźniętami w wieku przedszkolnym,
b) pracownik dużej firmy międzynarodowej,
c) informatyk, który ma elastyczny czas pracy,
d) instruktorka żeglarstwa,
e) pisarka powieści kryminalnych.

WARTO UŻYĆ

PORÓWNYWANIE

..... jest tak samo ..... (jaki? +) jak ..... (+ *Mianownik*).
..... jest ..... (jaki? ++) niż ..... (+ *Mianownik*).
..... jest ..... (jaki? ++) od ..... (+ *Dopełniacz*).
..... jest ..... (jaki? +++) ze wszystkich.

\+ stopień równy
++ stopień wyższy
+++ stopień najwyższy

3

Znalazła pani / Znalazł pan mieszkanie do wynajęcia. W internecie ogląda pani / pan jego plan. Jakie jest to mieszkanie?

A. Proszę podpisać pomieszczenia, a następnie znaleźć słowo, które nie pasuje do pozostałych.

1.
2.
3.
4. *sypialnia*
5.
6.
7.

a) W sypialni zwykle są: łóżko, ~~kosz na śmieci~~, komoda, szafka nocna, szafa, lampa.
b) W kuchni zwykle są: stół, zmywarka, lodówka, kuchenka, umywalka, mikrofalówka.
c) W salonie zwykle są: sofa, stolik kawowy, telewizor, łóżko, fotel, komoda.
d) W łazience zwykle są: prysznic, ubikacja, zlew, pralka, lustro, wanna.
e) W przedpokoju zwykle są: wieszak, szafa, wycieraczka, półka, lustro, prysznic.
f) W gabinecie zwykle są: biurko, krzesło obrotowe, regał na książki, półka, lampka, wieszak.
g) Na balkonie / tarasie zwykle są: kwiaty, dywan, krzesło, stół, leżak, markiza.

B. Proszę opowiedzieć, jak wygląda to mieszkanie.

Przykład: To mieszkanie wygląda na duże i przestronne. Składa się z otwartej kuchni, salonu...

C. Proszę powiedzieć, co się pani / panu podoba, a co się pani / panu nie podoba w tym mieszkaniu.

D. Chce pani / pan wynająć to mieszkanie. Dzwoni pani / pan do właściciela i pyta o szczegóły (wielkość, lokalizację, umeblowanie, opłaty).

Przykład:

– *Dzień dobry, dzwonię w sprawie mieszkania do wynajęcia. Czy oferta jest nadal aktualna?*
– *Dzień dobry. Tak, jest aktualna.*
– *Chciałabym / chciałbym zadać kilka pytań.*
– *Proszę bardzo.*
– ...

> **WARTO UŻYĆ**
>
> **WYRAŻANIE UPODOBANIA**
>
> Podoba mi się, że...
> Myślę, że... to dobre rozwiązanie.
> Też chciałabym / chciałbym...

> **WARTO UŻYĆ**
>
> **WYRAŻANIE BRAKU UPODOBANIA**
>
> Nie podoba mi się, że...
> Przeszkadza mi, że...
> Nie chciałabym / chciałbym...

4

Zdecydowała się pani / Zdecydował się pan wynająć mieszkanie. Zaczęła się pani / Zaczął się pan interesować aranżacją wnętrz.

A. Proszę przeczytać wywiad z projektantką wnętrz, Wiolą Mrówczyńską z portalu www.dekorujemydom.pl, a potem proszę opowiedzieć o jej pracy. Proszę używać wyrażeń podanych w ramce.

> urządzać   nie wyobrażać sobie   dodawać skrzydeł   przepadać za   spróbować swoich sił

– Na czym polega twoja praca?
– W skrócie, urządzam mieszkania i domy. Wybieram meble i dodatki, które będą pasowały do wnętrza*, a przede wszystkim do osób, które zamieszkają w tym miejscu. Najpierw długo rozmawiam z klientem o jego pracy, zainteresowaniach domowników*. Generalnie o potrzebach rodziny. Ale nie tylko. Muszę na przykład wiedzieć, jakie kolory lubią, a jakich nie zaakceptują. Dzięki temu unikam niepotrzebnych nieporozumień albo kolejnego przemeblowania*. Potem przygotowuję projekt i konsultuję go z klientem, ale najbardziej lubię ostatni etap – realizację pomysłów, kiedy widać efekty mojej pracy.
– Lubisz swoją pracę?
– Nie wyobrażam sobie innej. To moja pasja!
– Co sprawia ci najwięcej przyjemności?
– Kiedy widzę, że to, nad czym tak ciężko pracowałam, podoba się moim klientom. Najbardziej spontanicznie swoją radość okazują dzieci: biegają po swoim nowym pokoju, dotykają wszystkiego, śmieją się. To dodaje mi skrzydeł*! Z drugiej strony dzieci są najsurowszymi* sędziami i mówią prosto z mostu* to, co myślą, jeśli coś im się nie spodoba!

***IDIOM**

* *dodawać skrzydeł* – motywować, inspirować do działania

* *mówić prosto z mostu* – mówić bezpośrednio, to, co myśli się naprawdę

– A jakie domy ty lubisz?
– Przepadam za dużymi, jasnymi pomieszczeniami. Muszą być wielkie okna i dużo światła naturalnego. Powinny dominować jasne, ciepłe kolory: biały, beżowy, różowy. Najważniejszym miejscem w domu jest dla mnie kuchnia. Musi być przestronna i funkcjonalna, z dużym stołem, przy którym cała rodzina może nie tylko razem jeść, ale też spędzać wspólnie czas.

– Jakie masz plany zawodowe na najbliższą przyszłość?
– Mam kilka pomysłów, ale jestem teraz zbyt zajęta, żeby poważnie myśleć o którymś z nich. Na pewno chciałabym kiedyś spróbować swoich sił jako projektantka mebli. W wolnych chwilach rysuję sofy, fotele, lampy, lustra, krzesła. A w najbliższej przyszłości? Muszę zaplanować urlop!

słowniczek

* *wnętrze* – to, co jest w środku, np. domu
* *domownik* – osoba, która mieszka w domu
* *przemeblowanie* – umeblowanie pomieszczenia na nowo
* *surowy* – wymagający

Przykład: Wiola Mrówczyńska **urządza** domy i mieszkania.

B. Wiola Mrówczyńska ma w pracy wiele wyzwań. Rozmawia z klientami i bierze pod uwagę ich potrzeby i wymagania, a potem projektuje wnętrze domu. Proszę odegrać dialogi, w których Wiola z różnymi osobami.

a) młode małżeństwo spodziewa się córki i chce przygotować dla niej pokój,
b) właściciel małej kawalerki chce ją przemeblować, żeby była atrakcyjna do wynajęcia,
c) para emerytów kupiła duży dom na wsi i chce go urządzić w stylu rustykalnym.

Przykład: dialog a)

– *Chcielibyśmy urządzić pokój dla naszej córeczki, która urodzi się już za 8 tygodni.*
– *Rozumiem, ile metrów ma pokój, który chcą państwo urządzić?*
– …

C. Wiola Mrówczyńska przygotowuje ankietę na temat wymarzonego domu dla czytelników portalu www.dekorujemydom.pl. Proszę pomóc jej przygotować pytania do ankiety, a następnie zadać je koleżankom i kolegom w grupie i zaprezentować wyniki na forum.

Przykład: Jakie kolory ścian lubisz? Dlaczego?

5

Urządza pani / pan salon w nowym mieszkaniu / domu. Idzie pani / pan do Wioli Mrówczyńskiej, która pokazuje pani / panu różne propozycje mebli i dekoracji.

A. Ma pani / pan budżet w wysokości 5000 złotych. Proszę porozmawiać z projektantką i wspólnie przygotować aranżację salonu.

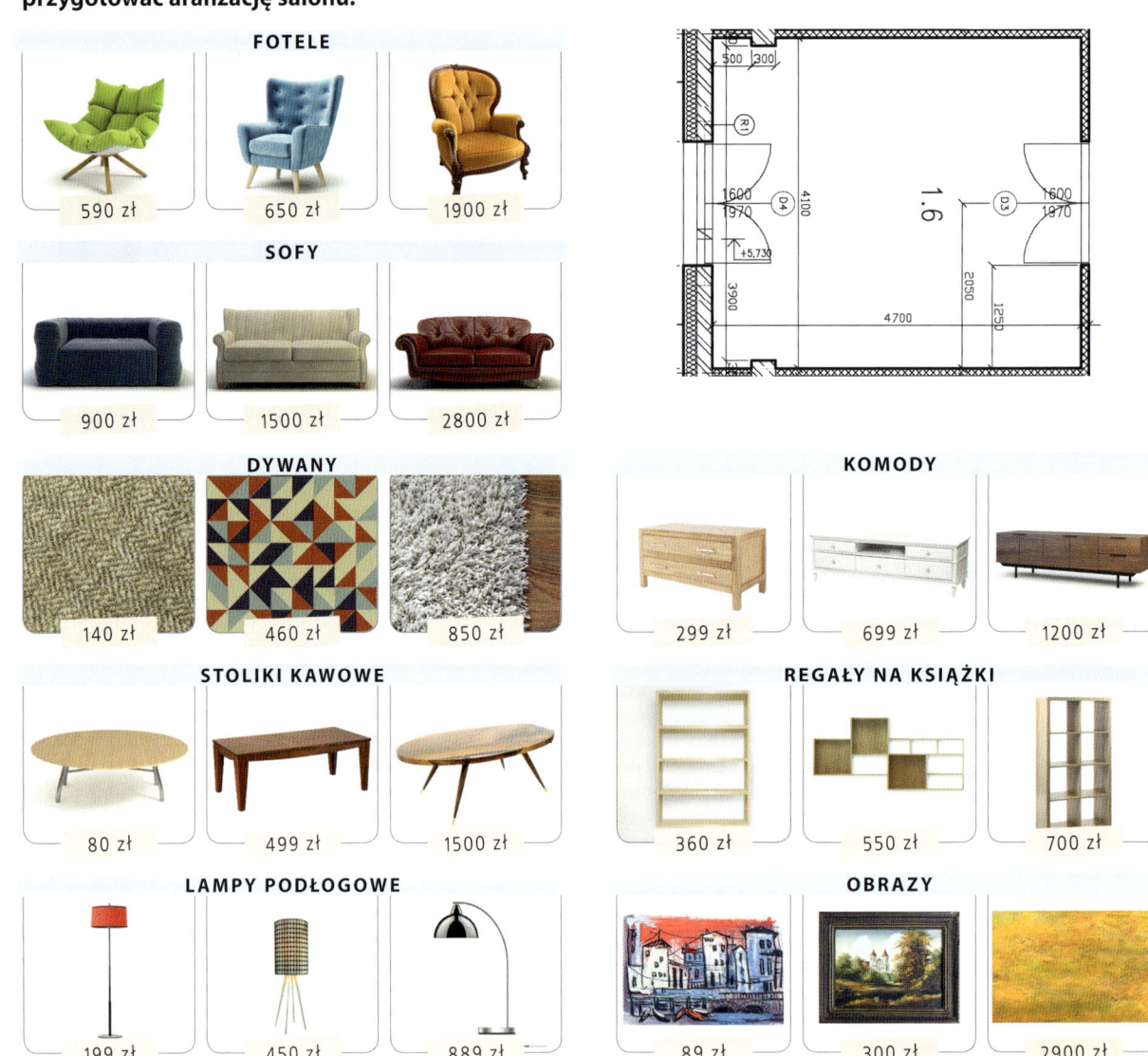

Przykład:

Wiola: Dzień dobry, cieszę się, że się widzimy i będziemy razem pracować nad aranżacją pani / pana salonu.

Klientka / Klient: Też się cieszę, bo szczerze mówiąc, nie mam żadnego pomysłu, a salon jest…

B. Proszę porównać swoje aranżacje z koleżankami / kolegami z grupy i wybrać najciekawszą z nich.

WARTO UŻYĆ

RELACJE PRZESTRZENNE

obok = koło, naprzeciwko = na wprost (+ *Dopełniacz*)

za, przed, pod, nad, między (+ *Narzędnik*)

w, na, przy (+ *Miejscownik*)

na środku

po prawej / lewej stronie

PRZYKŁADOWE ZADANIA CERTYFIKATOWE

I

Proszę odpowiedzieć na pytania.

1. Gdzie pani / pan mieszka? W domu, w mieszkaniu, a może wynajmuje pani / pan pokój?
2. Jakie jest miejsce, w którym pani / pan mieszka (dom / mieszkanie / pokój)?
3. Jakie meble znajdują się w pani / pana ulubionym pokoju?
4. Jakie meble i urządzenia musi mieć idealna kuchnia? Dlaczego?
5. Które sprzęty domowe są pani / pana zdaniem najpotrzebniejsze? Dlaczego?
6. Gdzie znajduje się budynek, w którym pani / pan mieszka? Na wsi, w mieście, w centrum czy na przedmieściach?
7. Co znajduje się w okolicy tego budynku?

II

Proszę opowiedzieć o tej osobie na podstawie fotografii.

Przykład: *Na fotografii widzę młodą, uśmiechniętą kobietę z dużego miasta. Myślę, że…*

Właśnie przeprowadziła się pani / przeprowadził się pan do Polski i chce wynająć mieszkanie w Warszawie na rok. Proszę przeczytać ogłoszenie (www.dowynajecia.pl). Proszę zadzwonić pod wskazany numer i zapytać o szczegóły oferty (np. wielkość, lokalizację, umeblowanie, opłaty).

DO WYNAJĘCIA!

Dwupokojowe, 54 m^2, centrum
Blisko: apteka, sklep, szkoła
Cena: 3200 zł/mies.
Tel. 665 942 850

WARTO UŻYĆ

PROŚBA O INFORMACJĘ

Chciałabym / Chciałbym zapytać, …
Czy może mi pani / pan powiedzieć, …
Czy mogłaby mi pani / mógłby mi pan powiedzieć, …
Czy wie pani / pan, …
Mam kilka pytań. Czy mogę…?

WARTO UŻYĆ

ROZMOWA TELEFONICZNA

Słucham. / Halo.
Z tej strony… / Mówi…
Przepraszam, ale słabo panią / pan słyszę.
Coś przerywa. Proszę powtórzyć.
Dziękuję za telefon.
Do usłyszenia.

WSKAZÓWKI

5 MUSZĘ WYSŁAĆ PACZKĘ
zakupy i usługi

1

Pani / Pana koleżanka / kolega niedawno przyjechała / przyjechał do Polski i musi załatwić kilka spraw. Jedzie pani / pan z nią / nim do centrum miasta, pokazuje jej / mu różne miejsca i opowiada o nich. Proszę uzupełnić wyrażenia słowami z ramki, a następnie powiedzieć koleżance / koledze, co można robić w tych miejscach.

> paczkę   przelew   grupowe lub indywidualne   włosy   trenerem   znaczek i kopertę
> konto   bagaż   list   pieniądze   bilet   godzinę odjazdu   formularz / wniosek o paszport
> fryzurę na specjalną okazję   dokumenty (np. kartę pobytu)   lekarza   paszport   wizytę
> ~~karnet~~   badania   włosów / zafarbować je

KLUB FITNESS

Tutaj można:
- wykupić miesięczny *karnet* 0
- mieć zajęcia 1
- ćwiczyć z 2

POCZTA

Tutaj można:
- wysłać 3
- kupić 4
- nadać lub odebrać 5

BANK

Tutaj można:
- otworzyć 6
- wypłacić lub wpłacić 7
- zrobić 8

DWORZEC KOLEJOWY / AUTOBUSOWY

Tutaj można:
- kupić 9
- zostawić w przechowalni 10
- zapytać o 11

URZĄD WOJEWÓDZKI

Tutaj można:
- wyrobić nowy 12
- wypełnić 13
- odebrać 14

PRZYCHODNIA

Tutaj można:
- zarejestrować się do 15
- mieć umówioną 16
- zrobić obowiązkowe lub dodatkowe 17

FRYZJER

Tutaj można:
- obciąć 18
- zmienić kolor 19
- zrobić 20

Muszę załatwić sprawę* w banku.

słowniczek

* załatwić sprawę – coś, co trzeba zrobić; coś pilnego

TRZEBA PAMIĘTAĆ

GDZIE TO JEST?
poczta – na poczcie
bar – w barze
MIEJSCOWNIK

fryzjer – u fryzjera
DOPEŁNIACZ

2

Co to znaczy „mieć dużo na głowie"? Czy często ma pani / pan dużo na głowie? Proszę przeczytać informacje z szyldów i reklam, a potem:

URZĄD WOJEWÓDZKI W POZNANIU

ODBIÓR PASZPORTÓW
– POKÓJ NR 23, PON-PT 8:00-16:00

WNIOSKI O PASZPORT
– POKÓJ 21 STANOWISKA A-F, PON-PT 7:30-15:30

FOTOGRAF POKÓJ NR 31

PŁATNOŚĆ TYLKO GOTÓWKĄ

DWORZEC CENTRALNY WARSZAWA

PRZECHOWALNIA BAGAŻU

CZYNNA CODZIENNIE
24 H NA DOBĘ
PRZERWA 12:00-12:30
i 22:00-22:30
OPŁATA ZA SZTUKĘ
BAGAŻU ZA DOBĘ: 10 ZŁ
KAŻDA NASTĘPNA
ROZPOCZĘTA DOBA: 12 ZŁ

FRYZJER BIAŁYSTOK

Fryzjer męski i dziecięcy „Grześ"
Tel: 500-384-724

GODZINY OTWARCIA:
pon., śr., pt.
10:00 – 18:00
wt., czw., sob.
9:00 – 14:00

DWORZEC KOLEJOWY BIAŁYSTOK

KASY BILETOWE

czynne codziennie od 6:00 do 22:00
(przerwa 12:00–12:30, 16:00–16:30)

przy okienku może przebywać tylko jedna osoba

płatność kartą i gotówką

A. proszę odpowiedzieć na pytania.

a) Czy o 12:15 można odebrać bagaż z przechowalni?
b) Ile kosztuje przechowanie trzech walizek przez 12 godzin?
c) Czy na terenie urzędu można zrobić zdjęcie do paszportu?
d) Czy można złożyć wniosek o paszport we wtorek o 16:00?
e) Kto może przyjść do salonu fryzjerskiego „Grześ"?
f) Czy można umówić dziecko do fryzjera w czwartek o 17:00?
g) W jaki sposób można płacić za bilety na dworcu kolejowym?
h) Ile osób może stać przy kasie i kupować bilet?

B. Te osoby mają dziś dużo na głowie. Proszę przeczytać dialogi i powiedzieć, gdzie one są i co załatwiają.

DIALOG NR 1 ....

– Dzień dobry, proszę bilet do Warszawy.
– Jaki pociąg? Pospieszny czy osobowy?
– Proszę na pospieszny.
– Na którą godzinę? Na 7:30 czy na 8:02?
– Proszę na 7:30.
– Bilet normalny czy ulgowy?
– Normalny proszę.
– Która klasa? Pierwsza czy druga?
– Proszę miejsce w drugiej klasie. Jeśli to możliwe, proszę o miejsce przy oknie.
– Dobrze, rezerwuję miejsce przy oknie.
– Czy są wagony ciszy?
– Niestety, w tym pociągu nie ma.
– Rozumiem, dziękuję.
– Płaci pan kartą czy gotówką?
– Kartą proszę.
– Proszę, tu jest bilet i paragon. Miłej podróży!
– Dziękuję, do widzenia.

DIALOG NR 2 ....

– Dzień dobry, nazywam się Miłosz Adamski, byłem umówiony do pani Joli na 11:00.
– Tak, zgadza się, zapraszam, proszę zaczekać minutkę, kurtkę może pan zostawić w szafie.
– Dziękuję.
– Dobrze, proszę bardzo, zapraszam na fotel, co będziemy robić?
– Chciałbym obciąć włosy, ale nie za krótko, proszę zostawić dłuższą grzywkę, a boki nad uszami podciąć trochę krócej.
– A z tyłu? Woli pan krótsze czy dłuższe włosy?
– Proszę skrócić tylko trochę.
– Dobrze, już wszystko wiem. Zapraszam do mycia.

(po chwili)

– Już gotowe, proszę przejrzeć się w lusterku, czy wszystko jest w porządku.
– Tak, jest dobrze. Dziękuję bardzo. Ile płacę?
– To będzie 50 złotych.
– Proszę bardzo, aha, i chciałbym jeszcze umówić syna, najlepiej na jutro, po południu.
– Dobrze, może być o 16:00 albo o 17:30.
– Proszę go zapisać na 17:30. Dziękuję, do widzenia.
– Do widzenia.

DIALOG NR 3 ....

– Dzień dobry, chciałabym zostawić bagaż.
– Ile sztuk?
– Dwie. Mam walizkę i plecak.
– Dobrze. Na jak długo?
– Na kilka godzin. O 12:20 mam autobus.
– Dobrze. Razem 20 złotych za dwie sztuki bagażu. Płaci pani kartą czy gotówką?
– Gotówką proszę.
– Dziękuję. Proszę odebrać bagaż nieco wcześniej, bo od 12:00 do 12:30 jest przerwa.
– Rozumiem, dziękuję.

DIALOG NR 4 ....

– Dzień dobry, chciałbym złożyć wniosek o pobyt tymczasowy.
– Dzień dobry, proszę dowód tożsamości.
– Proszę, to mój paszport.
– Dobrze, dziękuję. Proszę wypełnić czytelnie ten formularz, najlepiej drukowanymi literami.
– Przepraszam, co to znaczy stan cywilny?
– Musi pan tu zaznaczyć, czy jest pan kawalerem, czy ma pan żonę – tu jest słowo „żonaty".
– Dziękuję bardzo. Proszę, to wypełniony formularz.
– Proszę jeszcze tu się podpisać.
– Zapomniałem. Proszę, już podpisane.
– Tu jest lista dokumentów i zaświadczeń, które musi pan dostarczyć w ciągu dwóch tygodni.
– Rozumiem, dziękuję.
– Proszę, do widzenia.

C. Ma pani / pan dzisiaj dużo na głowie, ponieważ musi pani / pan pojechać na ślub swojego polskiego kolegi do Krakowa. Najpierw idzie pani / pan do fryzjera, potem do urzędu wojewódzkiego i wyrusza pani / pan w podróż: idzie na dworzec kolejowy, a w Krakowie zostawia bagaż w przechowalni. Proszę przygotować cztery dialogi i użyć wszystkich słów podanych w punktach a–d.

a) fryzura na specjalną okazję, sobota, 9:00,
b) odebrać kartę pobytu, pokazać dokument tożsamości, złożyć podpis / podpisać się,
c) Kraków, pociąg pospieszny, bilet ulgowy, piątek, 7:33, miejsce przy oknie, wagon ciszy,
d) przechować bagaż, 3 sztuki: walizka, plecak, torba, 10 godzin, płatność gotówką.

WARTO UŻYĆ

PROŚBA
Chciałabym / Chciałbym… (+ *bezokolicznik*)
Proszę… (+ *Biernik*)

WARTO UŻYĆ

ZGODA (SPEŁNIENIE PROŚBY)
Tak, oczywiście.
Proszę bardzo.
Nie ma problemu.

WARTO UŻYĆ

ODMOWA
Niestety, nie mogę pani / panu pomóc.
Przykro mi, ale to niemożliwe.
Niestety, obawiam się, że nie…

3

Czasami mamy dużo na głowie, bo różne rzeczy się psują. Proszę dopasować zwroty do ilustracji, a potem opowiedzieć, co się wydarzyło w każdej z tych sytuacji.

KOMIKS B	KOMIKS	KOMIKS	KOMIKS
• pracować na komputerze	• zmywać / zmyć naczynia	• jechać samochodem	• iść i rozmawiać przez telefon
• zepsuć się / wyłączyć się	• mieć awarię	• łapać / złapać gumę	• potrącać / potrącić kogoś
• iść / pójść do serwisu	• wylewać się / wylać się / woda	• wysiadać / wysiąść z samochodu	• upuszczać / upuścić telefon
• mieć gwarancję	• dzwonić / zadzwonić po hydraulika	• mieć koło zapasowe	• wypadać / wypaść z ręki
• oddawać / oddać komputer do serwisu / do naprawy	• tłumaczyć / wytłumaczyć hydraulikowi, jaki jest problem	• zmieniać / zmienić koło	• pękać / pęknąć / ekran
• odbierać / odebrać komputer z serwisu / z naprawy	• naprawiać / naprawić zlew	• wsiadać / wsiąść do samochodu	• psuć / zepsuć się
	• usuwać / usunąć awarię	• jechać / pojechać dalej / kontynuować podróż	• oddawać / oddać telefon do serwisu / do naprawy
			• odbierać / odebrać telefon z serwisu / z naprawy

KOMIKS A

KOMIKS B

KOMIKS C

KOMIKS D

Czy pani była / pan był w podobnej sytuacji? Proszę opowiedzieć, co się stało.

4

Te osoby mają różne problemy i dzwonią do serwisu.

A. Proszę samodzielnie uzupełnić dialogi, a następnie odegrać je z koleżanką / kolegą.

DIALOG A

– Dzień dobry, kupiłam u państwa niedawno komputer i się zepsuł.
– Jaki to model?
– ....
– Co się stało?
– ....
– Rozumiem. Od jak dawna jest ten problem?
– ....
– Kiedy kupiła pani komputer?
– ....
– Komputer jest jeszcze na gwarancji. Proszę wziąć dowód zakupu, komputer i przyjechać do nas do sklepu. Naprawimy go.
– Dziękuję.

DIALOG B

– Dzień dobry, zepsuł mi się samochód.
– Gdzie pan jest teraz?
– ....
– Co się stało?
– ....
– Próbował pan sam to naprawić?
– ....
– Będziemy za około pół godziny.
– Dziękuję, czekam.

DIALOG C

– Dzień dobry, mam problem z wodą.
– Co się stało?
– ....
– Kiedy to się stało?
– ....
– Gdzie pani mieszka?
– ....
– Będę za 3 godziny.
– ....

DIALOG D

– Dzień dobry, zepsuł mi się wyświetlacz w telefonie.
– Jaki to model?
– ....
– Jak to się stało?
– ....
– Kiedy to się stało?
– ....
– Proszę przyjść do naszego serwisu, naprawimy to.
– ....

B. Proszę wybrać jedną sytuację, przygotować dialog i odegrać go z koleżanką / kolegą.

- zepsuł się rower (prośba o naprawę)
- zepsuł się tablet (reklamacja)
- nie ma prądu w mieszkaniu (prośba o naprawę)

WARTO UŻYĆ

PROŚBA O POMOC / NAPRAWĘ

Czy może pani / pan mi pomóc?
Czy mogłaby pani / mógłby pan mi pomóc?
Nie wiem, co się stało, ale nie działa… (+ *Mianownik*)
Mam problem. W moim domu / mieszkaniu jest awaria… (+ *Dopełniacz*)

WARTO UŻYĆ

REKLAMACJA

Chciałabym / Chciałbym zareklamować… (+ *Biernik*)
Chciałabym / Chciałbym złożyć reklamację.
Zepsuł/a/o się… (+ *Mianownik*)
… (+ *Mianownik*) nie działa.

Polecam ci ten sklep komputerowy, ale odradzam ci naprawę telefonu w tym punkcie. Proszę przeczytać informacje o tych punktach usługowych, przygotować opinie, a potem polecić lub odradzić korzystanie z tych miejsc.

A. Pani / Pana wujkowi zepsuł się samochód. Proszę polecić mu „Auto-serwis".

POMOC DROGOWA „Auto-serwis"

OPINIA:
- zareagować szybko
- naprawić samochód
- wymienić koło

Przykład: Jestem bardzo zadowolony z usług firmy „Auto-serwis". Zareagowali bardzo szybko – przyjechali w pół godziny. Naprawili mój samochód, wymienili koło i mogłem jechać dalej. Polecam ci tę firmę!

B. Pani / Pana koleżance zepsuł się telefon. Proszę odradzić jej korzystanie z usług serwisu „Doktor smart".

NAPRAWA TELEFONÓW „Doktor smart"

OPINIA:
- niemiła obsługa
- czekać długo
- drogo
- znowu nie działa

C. Pani / Pana sąsiad ma awarię w łazience. Proszę polecić mu usługi „Hydro-serwis".

HYDRAULIK „Hydro-serwis"

OPINIA:
- profesjonalista
- szybko i terminowo
- drogo

D. Właśnie wróciła pani / wrócił pan ze sklepu „Komputronix". Proszę polecić go koledze z pracy.

SKLEP KOMPUTEROWY „Komputronix"

OPINIA:
- profesjonalnie
- miła atmosfera
- czekać kilka dni

WARTO UŻYĆ

WYRAŻANIE ZADOWOLENIA I POLECANIE

Jestem zadowolona / zadowolony z… (+ *Dopełniacz*)

Cieszę się, że…

Polecam ci / pani / panu… (+ *Biernik*)

WARTO UŻYĆ

WYRAŻANIE NIEZADOWOLENIA I ODRADZANIE

Jestem niezadowolona / niezadowolony z… (+ *Dopełniacz*)

Zdenerwowało mnie to, że…

Nie polecam ci / pani / panu… (+ *Dopełniacz*)

PRZYKŁADOWE ZADANIA CERTYFIKATOWE

 I

Proszę odpowiedzieć na pytania.

1. Jakie sprawy często pani / pan załatwia?
2. W których miejscach / instytucjach często pani / pan jest?
3. W którym miejscu / instytucji nigdy pani nie była / pan nie był?
4. Czego pani / pan nie lubi załatwiać?
5. Co trzeba załatwić przed wyjazdem za granicę?
6. Czy ostatnio coś się pani / panu zepsuło? Co to było? Jak rozwiązała pani / rozwiązał pan ten problem?
7. Czy kiedykolwiek składała pani / składał pan reklamację? Co pani reklamowała / pan reklamował? Dlaczego?

 II

Proszę opowiedzieć o tej osobie na podstawie fotografii.

*IDIOM

* mieć dużo na głowie – mieć dużo do zrobienia, mieć dużo spraw do załatwienia

Przykład: Na fotografii widzę uśmiechniętą kobietę. Wydaje mi się, że ma dziś dużo na głowie*.

 III

Pani / Pana nowy ekspres do kawy nie działa. Idzie pani / pan do sklepu, w którym pani / pan go kupiła / kupił i składa reklamację. Proszę wyjaśnić problem, a potem zapytać o możliwe rozwiązanie (zwrot pieniędzy albo naprawę).

WSKAZÓWKI

WARTO UŻYĆ

PROŚBA O INFORMACJĘ

Chciałabym / Chciałbym zapytać, …
Czy może mi pani / pan powiedzieć, …
Czy mogłaby mi pani / mógłby mi pan powiedzieć, …

WARTO UŻYĆ

REKLAMACJA

Chciałabym / Chciałbym złożyć reklamację.
Mam problem z… (+ *Narzędnik*).
… (+ *Mianownik*) jest zepsuty/a/e.

6 MOJA PRACA TO MOJA PASJA

praca

1
Oto popularne zawody w Polsce.

A. Proszę dopasować słowa z podpunktów a–i do fotografii, a następnie opowiedzieć, co oni robią codziennie w pracy.

1 C

Przykład: To jest sekretarka. Ona codziennie pisze e-maile, odbiera telefony, organizuje spotkania, rozmawia z dyrektorem.

2

3

4

5

6

7

8

9

a) badać pacjentów, stawiać diagnozę, wypisywać recepty, dawać zwolnienie z pracy,
b) kontrolować ruch na ulicy, pilnować porządku, pomagać w trudnych sytuacjach, wystawiać mandaty,
c) pisać e-maile, odbierać telefony, organizować spotkania, rozmawiać z dyrektorem,
d) pisać programy, tworzyć strony internetowe, rozwiązywać problemy z komputerami w firmach, uczyć się nowych języków programowania,
e) projektować domy, rysować plany, planować budynki, rozmawiać z inwestorem,
f) przeprowadzać wywiady, pisać artykuły do gazety / portalu internetowego, nagrywać relacje na żywo, występować przed kamerą,
g) rozmawiać z pacjentami, udzielać porad, analizować problemy, wydawać opinie,
h) kasować, wydawać resztę, ważyć towar, podawać produkty, pakować zakupy,
i) uczyć, wystawiać oceny, przygotowywać klasówki, sprawdzać zadania domowe.

B. Jakie zawody są najpopularniejsze w pani / pana kraju? Jak pani / pan myśli, dlaczego?

2

Proszę wybrać jeden z podanych w ramce zawodów, ale nie mówić głośno, który pani wybrała / pan wybrał. Proszę opowiedzieć, jaka jest praca tej osoby (gdzie pracuje, co codziennie robi, z kim pracuje). Koleżanka / kolega odgaduje, jaki to zawód.

Przykład: Ta osoba pracuje w lecznicy dla zwierząt albo w przychodni. Codziennie bada swoich pacjentów, daje zastrzyki, robi operacje. Musi uważać, bo jej pacjenci czasami są agresywni albo przestraszeni i mogą ugryźć albo podrapać. Ta osoba pracuje sama albo razem z innymi osobami.

strażak   nauczyciel   kucharz   pielęgniarka
sprzedawczyni   bibliotekarka   kelner
architekt   fryzjer   urzędnik   piłkarz
policjant   modelka   psycholog
opiekunka do dzieci   ~~weterynarz~~   informatyk
sekretarka   fotograf   prawnik   dziennikarz
mechanik samochodowy   kierowca   barman
elektryk   hydraulik   rolnik

A pani / pan? Kim pani / pan jest z zawodu? Jaki jest pani / pana wymarzony zawód? Proszę opowiedzieć o swojej obecnej albo wymarzonej pracy (o obowiązkach, o zaletach i wadach tego zawodu).

 3

Robert Kubica to znany polski kierowca rajdowy. Proszę przeczytać tekst na jego temat, a potem:

A. odpowiedzieć na pytania.

– W którym roku Robert Kubica zdobył tytuł Najlepszego Sportowca Polski?
– Jakie wyróżnienie sportowiec dostał w Wielkiej Brytanii w 2012 roku?
– Czym pasjonował się tata Roberta Kubicy?
– Czyje wsparcie jest ważne dla sportowca? Dlaczego?
– W czym pomaga pasja zdaniem Roberta Kubicy?

B. przygotować pytania do tekstu według punktów podanych poniżej, a potem zadać je koleżance / koledze.

- Grand Prix Węgier   *Kiedy Robert Kubica zadebiutował jako kierowca rajdowy Formuły 1?*
- spacer w centrum Krakowa w dzieciństwie ....?
- datę wypadku ....?
- powrót do sportu po wypadku ....?
- talent ....?

C. opowiedzieć o karierze sportowej Roberta Kubicy.

Robert Kubica jest kierowcą rajdowym i wyścigowym, pierwszym w historii i jedynym Polakiem startującym w Formule 1. Zadebiutował podczas Grand Prix Węgier w 2006 roku. Zdobył tytuł Najlepszego Sportowca Polski w 2008 roku. W poważnym wypadku, jaki wydarzył się na trasie rajdu Ronde di Andora w 2011 roku, Polak prawie stracił prawą rękę. Miał długą rehabilitację, ale już we wrześniu 2012 roku wrócił do sportu – brał udział w różnych rajdach. Jego wysiłek* zauważył brytyjski magazyn „Top Gear" i w 2012 roku Kubica otrzymał od Brytyjczyków wyróżnienie* Człowiek Roku 2012. Pomimo wielu sukcesów woda sodowa nie uderzyła mu do głowy*. Jest skromnym i pracowitym człowiekiem.

Dziennikarz: Jak zaczęła się twoja przygoda z motoryzacją?
Robert Kubica: Jeszcze w dzieciństwie. Byliśmy z tatą na spacerze w centrum Krakowa. Na wystawie sklepu był samochodzik, dlatego prawie przykleiłem się do tej wystawy. Ekspedientka pozwoliła mi wsiąść do tego auta i zostałem tam aż do zamknięcia tego sklepu. Mój tata od zawsze lubił sporty samochodowe, dlatego w końcu dostałem swoje pierwsze cztery kółka* w prezencie. Jeździliśmy razem po placach, po parkingu i tak zaczęła się moja historia.

Dziennikarz: Kierowca wyścigowy to trudny zawód, często są sytuacje kryzysowe. Co jest ważne w takich chwilach?
Robert Kubica: Bardzo ważne jest wsparcie najbliższych osób oraz fanów. Wsparcie kibiców* jest ogromne. (…) Łatwo jest kibicować ludziom, którzy odnoszą sukcesy i wygrywają, trudniej tym, którzy ich nie odnoszą, i naprawdę należy się duży szacunek wszystkim tym, którzy zawsze trzymają za mnie kciuki*. Oni stają się aktywną częścią mojego życia.

Dziennikarz: Co jest najważniejsze – talent, pasja czy ciężka praca?
Robert Kubica: Sam talent nie wystarcza, chociaż im więcej talentu, tym jest łatwiej i lepiej. Pasja pomaga w trudnych chwilach i dzięki niej pracuje się więcej. Uważam się za dużego szczęściarza, ponieważ moja pasja stała się pracą i to jest jeden z najlepszych darów, jakie człowiek może otrzymać.

na podstawie: Portal Polskiego Radia, Robert Kubica: moja pasja stała się pracą, www.polskieradio.pl

słowniczek

* wysiłek – kiedy ktoś bardzo się stara i daje z siebie dużo energii, poświęca dużo czasu na coś
* wyróżnienie – tutaj: nagroda
* cztery kółka – samochód
* kibic – fan sportu

★ IDIOM

* woda sodowa uderza komuś do głowy – o kimś, kto po odniesieniu sukcesu staje się arogancki i zbyt pewny siebie
* trzymać (za kogoś) kciuki – życzyć powodzenia, sukcesu

4

Jak pani / pan myśli, co jest ważne w pracy?

A. Proszę zaznaczyć trzy propozycje z listy i uzasadnić swój wybór. Uwaga, można też dodać swoje propozycje.

- wysoka pensja / dobre zarobki
- umowa o pracę / stałe zatrudnienie / praca na etat
- długi urlop
- miła atmosfera
- ubezpieczenie dla rodziny
- dobra lokalizacja miejsca pracy
- możliwość rozwoju i zdobywania doświadczenia
- możliwość poznania specjalistów
- możliwość szybkiego awansu
- regularne podwyżki i premie za dobre wyniki
- elastyczny czas pracy
- możliwość realizacji swoich pasji
- służbowy samochód i telefon
- częste podróże służbowe
- pakiet benefitów (np. wstęp do siłowni)
- częste wyjazdy integracyjne
- możliwość pracy zdalnej
- system pracy zmianowej
- praca na własny rachunek
- …?

WARTO UŻYĆ

WYRAŻANIE OPINII

Dla mnie najważniejszy/a/e w pracy jest…, bo…

Moim zdaniem ważny/a/e jest też…, bo…

Myślę, że… / Uważam, że… / Sądzę, że…

B. Osoby przedstawione na ilustracjach nie są zadowolone ze swojej pracy. Co one mówią? Czego nie lubią w swojej pracy? Proszę uzupełnić komiksy tekstami z ramki, a potem przeczytać te kwestie z odpowiednią intonacją.

> a) Za mało zarabiam. Daję z siebie wszystko, a jeszcze nigdy nie dostałem podwyżki. **Denerwuje mnie to**.
> b) **Mam tego dość**, ciągle nadgodziny. Jestem wykończony.
> c) **Nie wytrzymam tego dłużej!** Wiecznie korki i korki! Nie mogę ciągle spóźniać się do pracy!
> d) **No co ty! Jak to?** Znów miałeś urlop? Ja od roku nigdzie nie wyjechałam!

C. Jest pani / pan koleżanką / kolegą osób z ćwiczenia 4B. Proszę doradzić im, co powinny zrobić w sytuacjach, w których się znalazły. Proszę przygotować i odegrać dialogi.

Przykład:

– Halo, co tam u ciebie?

– Cześć, właśnie jadę autobusem do pracy, a raczej stoję. Nie wytrzymam tego dłużej! Wiecznie korki i korki! Nie mogę ciągle spóźniać się do pracy!

– Rozumiem, że masz dość stania w korkach. Na twoim miejscu zastanowiłabym się / zastanowiłbym się nad zmianą środka transportu. Jeśli twoja praca nie jest bardzo daleko, mógłbyś dojeżdżać rowerem albo…

WARTO UŻYĆ

RADA (DORADZANIE)

Myślę, że (nie) powinnaś / powinieneś…
Wydaje mi się, że musisz… / nie możesz…
Na pewno (nie) warto…
Zdecydowanie (nie) warto…
Na twoim miejscu… (+ *tryb przypuszczający*)

WARTO UŻYĆ

WYRAŻANIE NIEZADOWOLENIA, IRYTACJI

Denerwuje mnie to!
Mam tego dość!
Nie wytrzymam tego dłużej!
No co ty! Jak to?

Co oznacza polskie przysłowie: „Jak cię widzą, tak cię piszą"? Czy zgadza się pani / pan z tymi słowami? Co jest ważne podczas rozmowy o pracę?

A. Proszę popatrzeć na fotografię i powiedzieć, kto to jest, gdzie są te osoby, jak wyglądają, jak są ubrane, jaka jest tam atmosfera.

B. Szkoła języków obcych szuka lektora języka polskiego jako obcego. Proszę pracować w parach. Jedna osoba układa ankietę z pytaniami dla kandydata do pracy, druga osoba przygotowuje profil kandydata. Proszę przeprowadzić rozmowę kwalifikacyjną.

PRACODAWCA	
wykształcenie	*Jakie ma pani / pan wykształcenie?*
doświadczenie zawodowe	
kursy i szkolenia	
obowiązki w pracy	
znajomość języków obcych	
prawo jazdy	
zainteresowania	
3 zalety	
3 wady	

PRACOWNIK	
wykształcenie	*Mam wykształcenie wyższe. Skończyłem / skończyłam…*
doświadczenie zawodowe	
kursy i szkolenia	
obowiązki w pracy	
znajomość języków obcych	
prawo jazdy	
zainteresowania	
3 zalety	
3 wady	

Przykład:

– Dzień dobry, miło nam panią / pana poznać osobiście. Przeczytaliśmy pani / pana CV i chcielibyśmy zadać pani / panu kilka pytań.
– Dzień dobry. Oczywiście, co chcieliby państwo wiedzieć?
– Proszę powiedzieć, jakie ma pani / pan wykształcenie.
– Skończyłam / Skończyłem…

PRZYKŁADOWE ZADANIA CERTYFIKATOWE

I
Proszę odpowiedzieć na pytania.

1. Jaki jest pani / pana wymarzony zawód?
2. Jakie zawody są popularne w pani / pana rodzinie?
3. Jaki, pani / pana zdaniem, powinien być dobry pracodawca?
4. Jaki, pani / pana zdaniem, powinien być dobry pracownik?
5. Jakie są zalety, a jaki wady pracy na własny rachunek, a jakie pracy na etat?
6. Co jest dla pani / pana najważniejsze w pracy?

II
Proszę opowiedzieć o tej osobie na podstawie fotografii.

Przykład: Na fotografii widzę uśmiechniętą kobietę. Myślę, że ona jest szefem kuchni, bo…

III
Spóźniła się pani / Spóźnił się pan kolejny raz do pracy. Proszę przeprosić, wyjaśnić, jaki jest powód spóźnienia, zapewnić, że to się już nie powtórzy i zaproponować sposób, w jaki pani / pan to odpracuje.

WSKAZÓWKI

WARTO UŻYĆ

ZAPEWNIANIE, OBIECYWANIE

Zapewniam panią / pana, że…
Może być pani pewna / pan pewny, że…
Obiecuję, że…
Mogę obiecać, że…
Proszę mi wierzyć, że…

WARTO UŻYĆ

PRZEPRASZANIE

Przepraszam, bardzo mi przykro.
Bardzo przepraszam, ale…
Chciałabym / Chciałbym przeprosić za… (+ *Biernik*)
To się nie powtórzy.
To ostatni raz.

7 CZAS PŁYNIE

1

Na fotografiach są przedstawione cztery pory roku.

A. Proszę je nazwać, a potem opisać te zdjęcia: kto jest na fotografii, jak wygląda, co robi, gdzie się znajduje.

A. To jest…

B. To jest…

C. To jest…

D. To jest…

B. Co oni mówią? Proszę dopasować teksty do fotografii z ćwiczenia 1A i uzasadnić swój wybór.

1. **Często** piję gorącą herbatę z miodem i cytryną.
Przykład: Myślę, że to jest ilustracja B – jesień, bo jesienią jest chłodno i gorąca herbata to dobry pomysł.
2. **Zawsze z przyjaciółmi** rzucamy się śnieżkami.
3. Mróz **nigdy** nam **nie przeszkadza**. Lubimy lepić bałwana.
4. **Lubię ten moment, kiedy** zaczyna robić się zielono i kwitną pierwsze kwiaty.
5. **Kiedy jest upał, uwielbiam** opalać się na plaży i czytać książki.
6. W upalne dni leżę w hamaku i **myślę o niebieskich migdałach***.
7. **Lubię spacerować, kiedy** topi się śnieg i pojawiają się pierwsze kwiaty – małe białe przebiśniegi.
8. **Uwielbiam, kiedy** pada śnieg. Jedziemy wtedy całą rodziną na narty do Szklarskiej Poręby.
9. **Lubię fotografować** drzewa, kiedy liście zmieniają kolor na żółty i czerwony.
10. Nie cierpię ubierać się na cebulkę*, ale **kiedy jest mróz**, nie ma wyjścia: kilka warstw ubrań plus czapka, szalik, rękawiczki.
11. Majówkę **zawsze spędzamy** w Zakopanem. Jest już ciepło, ale nie gorąco. Góry są wtedy piękne.
12. Bardzo lubię żeglować na Mazurach. **Najlepsza pogoda jest** pod koniec wakacji.

* IDIOM

* *myśleć o niebieskich migdałach – marzyć, nie myśleć o niczym konkretnym*
* *ubierać się na cebulkę – ubierać się ciepło, mieć na sobie kilka warstw ubrań*

C. Proszę opowiedzieć o sobie, używając fraz wyróżnionych w zdaniach w ćwiczeniu 1B.

Przykład: W jesienne wieczory zawsze z przyjaciółmi oglądamy stare seriale i śmiejemy się razem w tych samych momentach.

WARTO WIEDZIEĆ

majówka

– tak potocznie nazywa się długi weekend na początku maja. Zaczyna się pierwszego maja (01.05) – to jest Święto Pracy. Potem jest drugi maja (02.05) – czyli Dzień Flagi oraz Dzień Polonii i Polaków za Granicą. Trzeciego maja (03.05) obchodzi się Święto Narodowe Trzeciego Maja, rocznicę uchwalenia pierwszej polskiej konstytucji (03.05.1791 r.). Pierwszy i trzeci maja to dni wolne od pracy, dlatego dużo Polaków wyjeżdża wtedy na wycieczki (w góry, nad morze, nad jezioro) albo spędza ten czas z rodziną i przyjaciółmi, np. organizuje się grilla w ogrodzie, w parku, nad rzeką.

D. Proszę powiedzieć, którą porę roku pani / pan lubi, a której pani / pan nie lubi. Dlaczego?

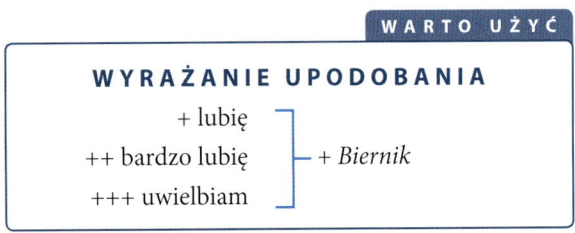

WARTO UŻYĆ

WYRAŻANIE UPODOBANIA

+ lubię
++ bardzo lubię   ⎤— + *Biernik*
+++ uwielbiam

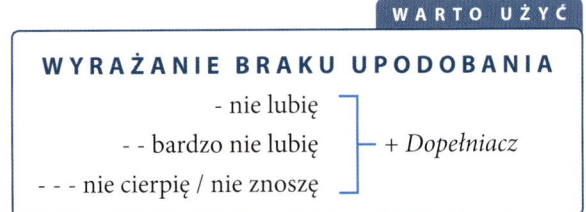

WARTO UŻYĆ

WYRAŻANIE BRAKU UPODOBANIA

- nie lubię
- - bardzo nie lubię   ⎤— + *Dopełniacz*
- - - nie cierpię / nie znoszę

E. Proszę odpowiedzieć na pytania: Co pani / pan woli? Dlaczego? Proszę zapytać też koleżankę / kolegę.

a) Narty zimą czy surfing latem?
b) Opalać się na plaży latem czy wędrować po górach jesienią?
c) Nocować latem pod namiotem czy w pięciogwiazdkowym hotelu z klimatyzacją?
d) Jesienny deszcz czy wiosenne słońce?
e) Piknik wiosną w parku czy kawę latem w centrum miasta?
f) Mróz czy upał?
g) Śnieg czy deszcz?

 2

Proszę uzupełnić oś czasu ważnymi dla pani / pana wydarzeniami. Potem proszę o nich opowiedzieć.

Przykład: Styczeń jest dla mnie ważny, bo wtedy zawsze z siostrą jeździmy na narty do Szklarskiej Poręby.

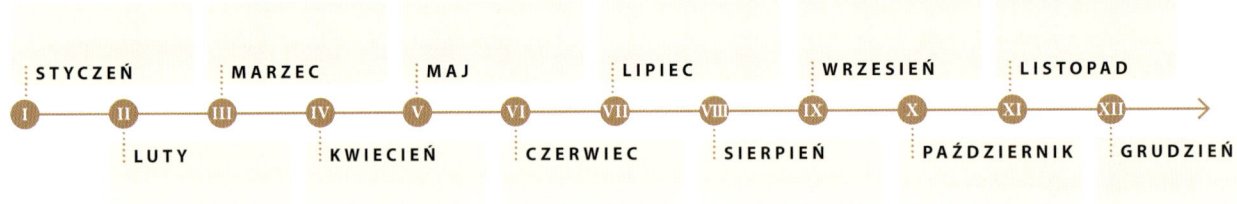

 3

 Czy zna pani / pan polskie święta i uroczystości?

A. Proszę rozwiązać quiz na temat polskich świąt i uroczystości (rodzinnych, religijnych i państwowych), a potem porównać wynik z koleżanką / kolegą.

I. Boże Narodzenie obchodzi się w Polsce:
   a) w listopadzie,
   b) w grudniu,
   c) w styczniu.

II. Dzień Niepodległości w Polsce świętuje się:
   a) 11 listopada,
   b) 12 grudnia,
   c) 1 stycznia.

III. Dzień uchwalenia pierwszej polskiej konstytucji obchodzi się:
   a) 1 maja,
   b) 2 maja,
   c) 3 maja.

IV. Wielkanoc to święto:
   a) zimowe,
   b) wiosenne,
   c) jesienne.

V. Andrzejki to:
   a) święto wiosenne, kiedy maluje się jajka,
   b) dzień pod koniec listopada, kiedy wszyscy wróżą,
   c) święto zimowe, kiedy daje się dzieciom małe upominki.

VI. Dzień Matki obchodzi się w Polsce:
   a) 26 maja,
   b) 1 czerwca,
   c) 23 czerwca.

B. Proszę połączyć ilustracje z wypowiedziami różnych osób. Następnie proszę opowiedzieć o świętach, uroczystościach i zwyczajach w pani / pana kraju według podanego schematu.

A. Opowiada o tym
...... *Bartek* ......

B. Opowiada o tym
....

C. Opowiada o tym
....

D. Opowiada o tym
....

E. Opowiada o tym
....

F. Opowiada o tym
....

G. Opowiada o tym
....

SCHEMAT WYPOWIEDZI
- Dobrze wspominam…
- Źle wspominam…
- Lubię…
- Nie lubię…
- Ciekawą tradycją jest…
- Nie rozumiem, dlaczego…
- Dziś… świętuje się inaczej niż kiedyś…

Aneta, 28 lat: Dobrze wspominam moje ostatnie urodziny, bo mój narzeczony zabrał mnie na wycieczkę w góry. Pojechaliśmy samochodem do Karpacza. Nocleg był w pięknym pensjonacie z widokiem na szczyt Śnieżki. W pokoju czekały już na mnie tort ze świeczkami i szampan. To była cudowna niespodzianka i chyba najlepsze urodziny w moim życiu.

Wojtek, 18 lat: Źle wspominam ostatnie walentynki. To przecież święto miłości. Kupiłem bombonierkę w kształcie serca i bilety do kina, a moja dziewczyna zadzwoniła do mnie i powiedziała, że to koniec. Jak można zerwać z kimś przez telefon i to w dodatku w walentynki?

Bartek, 36 lat: Lubię Boże Narodzenie. To najpiękniejsze święta w roku, takie ciepłe i rodzinne. Uwielbiam wybierać choinkę i potem ubierać ją razem z rodziną. Zwykle wieszamy na niej bombki i pierniczki, no i też kolorowe światełka i błyszczące łańcuchy. W całym domu pięknie pachnie lasem i nastrój jest naprawdę świąteczny.

Grażyna, 64 lata: Nie lubię sylwestra, bo mój pies bardzo boi się hałasu, a przecież wtedy wszyscy puszczają fajerwerki. Mój sąsiad chyba czeka na to cały rok i i wydaje wszystkie oszczędności na sztuczne ognie. Ostatni sylwester to był koszmar, bo mój pies tak bardzo przestraszył się hałasu, że uciekł z podwórka i długo nie mogłam go znaleźć.

Maciek, 49 lat: Ciekawą tradycją jest święconka. To jest związane z Wielkanocą. Dekoruje się koszyczek, wkłada się do niego symboliczne pokarmy i w Wielką Sobotę idzie się do kościoła, żeby je poświęcić. W koszyczku zawsze są pisanki, czyli pomalowane jajka, chleb, ciasto, mięso, chrzan i sól. Kiedy byłem mały i niosłem koszyczek do kościoła, to zawsze po drodze coś zgubiłem, na przykład znikał z niego czekoladowy zajączek.

Kamila, 33 lata: Nie rozumiem, dlaczego w pierwszy dzień wiosny nadal topi się marzannę, czyli kukłę, która symbolizuje zimę. Dawniej może to było potrzebne, bo to znaczyło, że kończy się zima, zaczyna się wiosna i wszystko budzi się do życia. Moim zdaniem dzisiaj to zbędne zaśmiecanie środowiska. Przecież można ten zwyczaj zastąpić jakimś proekologicznym działaniem, na przykład sadzeniem drzew.

Paulina, 30 lat: Dziś Dzień Kobiet **świętuje się inaczej** niż kilkadziesiąt lat temu. Mama opowiadała mi, że w czasach PRL-u, kiedy była młodą dziewczyną, z okazji Dnia Kobiet dostawała od kolegów z pracy goździki i rajstopy. Były też ciasto i kawa. Dziś już raczej nie obchodzi się tego dnia w ten sposób. Coraz częściej ósmy marca jest okazją, żeby mówić o prawach kobiet.

C. Proszę popatrzeć na fotografie i opowiedzieć o przygotowaniach do różnych świąt i uroczystości w Polsce.

Komiks A   To są przygotowania do andrzejek (29 listopada).

Przykład: *Kiedy przygotowujemy się do andrzejek, robimy zakupy – kupujemy jedzenie i napoje dla gości. Potem wycinamy serca z papieru i piszemy na nich imiona. Przygotowujemy też świece i miskę z zimną wodą. To wszystko będzie potrzebne do wróżenia. Oczywiście zapraszamy też gości i dekorujemy salę.*

Komiks B   To są przygotowania do wigilii Bożego Narodzenia (24 grudnia).

Komiks C   To są przygotowania do Wielkanocy (święto ruchome).

Komiks D   To są przygotowania do Dnia Matki (26 maja).

D.   Proszę powiedzieć:

- Jakie jest pani / pana ulubione święto (albo tradycja, zwyczaj, uroczystość)?
- Jak wyglądają przygotowania do tego wydarzenia?
- Jak pani / pan uważa, czy przygotowania do świąt (uroczystości) to strata czasu czy przeciwnie – cenny czas spędzany z bliskimi? Proszę uzasadnić wypowiedź.

4

Z czym kojarzy się pani / panu słowo „czas"?

A. Proszę uzupełnić różę wyrazów.

B. Proszę przeczytać tekst i dopasować tytuły do akapitów. Proszę uzasadnić wybór.

KIEDY WARTO TRACIĆ CZAS?

Psychologowie mówią: *Warto tracić czas!* Pytanie brzmi: jak to robić?

Oto rzeczy, na które zawsze warto znaleźć czas. I go „stracić":

| Relacje | Cisza i spokój | Życie w biegu |

....[1]

Warto „tracić czas" dla drugiego człowieka. Spotkania, rozmowy, długie wieczory przy herbacie są ważne. Warto schować telefon i po prostu z kimś posiedzieć, nauczyć się być z kimś i dla kogoś. Tak naprawdę ten czas nie jest stracony. Dużo możemy się nauczyć w relacji z drugim człowiekiem.

....[2]

„Nie mam czasu". „Bardzo chętnie spotkałabym się z tobą, ale nie dzisiaj". „Może przełożymy to spotkanie na następny tydzień?". „Będziemy w kontakcie i jeszcze dokładnie się umówimy". To najpopularniejsze wymówki. Zawsze brakuje nam czasu, ale też mnóstwo godzin tracimy, kiedy siedzimy przed komputerem albo patrzymy w ekran telefonu. Codziennie załatwiamy dużo spraw. Mamy listę mniej lub bardziej pilnych rzeczy do zrobienia. Ciągle jest dużo obowiązków i zawsze wszystko trzeba zrobić akurat dzisiaj. Bardzo często to jest niewykonalne i prowadzi do frustracji i stresu.

....[3]

W życiu warto zwolnić i każdego dnia poszukać chwili przeznaczonej na relaks. Wyobrażacie sobie przez pół godziny nic nie robić? Wyłączyć komputer, odłożyć telefon, nie czytać książki, gazety, internetu. Przez krótką chwilę niczym się nie zajmować. Tylko po co to robić? Żeby dać sobie czas dla siebie, żeby zastanowić się, jak wygląda nasz dzień – co i jak robię dobrze albo źle.

C. Proszę powiedzieć na co, zdaniem autora artykułu, warto tracić czas. Czy to jest naprawdę stracony czas?

 5

Co to znaczy, że „czas nas goni", a kiedy to my „zabijamy czas"?

A. Jak wygląda wtedy pani / pana dzień?

Kiedy goni panią / pana czas…

– kiedy goni mnie czas, szybko robię zakupy
– kiedy goni mnie czas, biegnę na tramwaj
– …

Kiedy zabija pani / pan czas…

– kiedy zabijam czas, oglądam kilka odcinków serialu
– …

B. Proszę popatrzeć na ilustracje i opisać je. Jak wyglądają te osoby, co czują, jak się zachowują?

W jaki sposób pani / pan organizuje swój czas? Ile czasu przeznacza pani / pan na poszczególne czynności? Które słowo najlepiej opisuje pani / pana podejście do czasu: planowanie, organizowanie, oszczędzanie?

～ PRZYKŁADOWE ZADANIA CERTYFIKATOWE ～

I

Proszę odpowiedzieć na pytania.

1. Jakie jest pani / pana hobby?
2. W jaki sposób spędza pani / pan czas latem, jesienią, zimą, wiosną?
3. Kiedy i dokąd pani / pan zwykle wyjeżdża na wakacje?
4. Kiedy i dokąd pani / pan zwykle wyjeżdża na ferie zimowe?
5. Czy zawsze warto organizować swój czas?
6. Na co lubi pani / pan tracić czas?
7. Co zrobić, żeby nie żyć w biegu?

II

Proszę opowiedzieć o tej osobie na podstawie fotografii.

Przykład: Na fotografii widzę mężczyznę, który się uśmiecha. Myślę, że jest aktywny, bo…

III

Pani / Pana koledze ciągle brakuje czasu. Proszę doradzić mu, co powinien robić, żeby lepiej zorganizować swój dzień.

WSKAZÓWKI

WARTO UŻYĆ

DORADZANIE

Myślę, że powinnaś / powinieneś…
Wydaje mi się, że musisz…
Na pewno warto…
Zdecydowanie warto…
Na twoim miejscu… (+ *tryb przypuszczający*)

WARTO UŻYĆ

ODRADZANIE

Moim zdaniem nie powinnaś / nie powinieneś…
Wydaje mi się, że nie możesz…
W ogóle nie warto…
Zdecydowanie nie warto…
Na twoim miejscu nie… (+ *tryb przypuszczający*)

8 ŁADNIE WYGLĄDASZ!

wygląd zewnętrzny

1

Niektóre ubrania wciąż uważane są za typowo męskie, a niektóre za typowo kobiece. Inne są uniwersalne.

A. Proszę uzupełnić tabelę wyrazami z ramki. Proszę porównać swoje odpowiedzi z koleżanką / kolegą, a potem razem dopisać swoje propozycje.

> ~~czapka~~ kapelusz okulary kolczyki bluzka bluza sweter koszula koszulka
> top kurtka płaszcz kamizelka szalik naszyjnik biustonosz majtki bokserki
> slipy skarpetki rajstopy ~~getry / legginsy~~ rękawiczki pierścionek bransoletka spodnie
> sukienka spódnica spódniczka mini buty adidasy sandały golf szpilki kozaki
> trampki krawat muszka korale żakiet ~~marynarka~~ garnitur kostium japonki

TYPOWO MĘSKIE	UNIWERSALNE	TYPOWO DAMSKIE
	czapka,	
marynarka,		
	getry / legginsy,	

103

B. Niektóre ubrania są idealne na specjalne okazje, inne na co dzień. W jakiej sytuacji można założyć te ubrania? Dlaczego?

Przykład: Czerwone szpilki można założyć na bal sylwestrowy, ponieważ są eleganckie i pasują do długiej albo krótkiej wieczorowej sukienki. Ja nigdy nie noszę szpilek, bo po 15 minutach bolą mnie całe nogi.

2

Oto obrazy znanych polskich malarek i malarzy. Proszę powiedzieć, jak są ubrane osoby przedstawione na obrazach.

Stanisław Ignacy Witkiewicz, *Autoportret*

Olga Boznańska, *W oranżerii*

Tamara Łempicka, *Młoda dziewczyna w zielonej sukience*

Józef Mehoffer, *Portret kobiety z pieskiem na czerwonej smyczy*

Maja Berezowska, *Para pod dębem*

Maja Berezowska, *Nowa sukienka*

Przykład: Mężczyzna na pierwszym obrazie ma na sobie gładką, niebieską koszulę i ciemny krawat w kropki.

> **Wzór:** gładki/a/e   w paski   w kratkę   w kropki   w kwiaty
> **Materiał:** bawełniany/a/e   wełniany/a/e   skórzany/a/e   jedwabny/a/e   syntetyczny/a/e
> **Fason i styl:** dopasowany/a/e   obszerny/a/e   sportowy/a/e   elegancki/a/e   klasyczny/a/e   modny/a/e

3

Co można powiedzieć w tej sytuacji? Proszę dopasować dwa wyrażenia z ramki do każdej z opisanych sytuacji, a następnie odegrać krótkie scenki z koleżanką / kolegą.

> Piękna bluzka!   Wyglądasz interesująco w tym nakryciu głowy.   Oszalałeś? Zmień te spodnie!
> Bardzo ładnie w niej wyglądasz!   No coś ty, tyle kasy?   Piękny krawat.
> Natychmiast proszę się przebrać!   Naprawdę? Nie czuję się w tym odcieniu dobrze.
> Nie jest na to za zimno? Może lepiej założyłbyś czapkę?   Też chcę takie! Byłyby idealne na plażę!
> Chyba nie pójdziesz tak ubrany na oficjalną imprezę?   Naprawdę chcesz wydać tyle na jedną rzecz?
> Jest bardzo ładny, pasuje panu do garnituru.   O nie, młoda damo! W tym stroju nie wyjdziesz z domu!
> Ale fajne! Gdzie takie można kupić? U optyka czy w sklepie odzieżowym?
> Tak pani myśli? No bo mi nie bardzo się podoba.

a) Pani / Pana koleżanka ma na sobie nową bluzkę. Uważa pani / pan, że bluzka jest ładna.
   Przykład: *Piękna bluzka! Bardzo ładnie w niej wyglądasz!*
   – Cześć, Patrycja. Piękna bluzka! Bardzo ładnie w niej wyglądasz!
   – Naprawdę? Dziękuję. Była w promocji.
b) Pani / Pana kolega kupił stylowy kapelusz. Pyta panią / pana o zdanie na jego temat. Nie podoba się pani / panu.
c) Pani / Pana kuzynka znalazła w butiku piękny płaszcz. Niestety, jest bardzo drogi.
d) Pani / Pana brat idzie na studniówkę*. Założył białą koszulę i dżinsy. Pani / Pana zdaniem ubranie jest mało eleganckie.
e) Pani / Pana szef ma ładny krawat. Bardzo się pani / panu podoba.
f) Pani / Pana znajoma / znajomy kupiła / kupił nowe okulary przeciwsłoneczne. Pani / Pan też chce mieć takie.
g) Ekspedientka w sklepie przekonuje panią / pana, że świetnie pani / pan wygląda w zielonym kolorze. Wie pani / pan, że nie jest szczera.
h) Pani / Pana córka idzie na pierwszą randkę. Ma na sobie spódniczkę mini i szpilki.

słowniczek
* studniówka – bal sto dni przed maturą

4

Surfuje pani / pan po internecie z koleżanką / kolegą. Szukają Państwo ciekawych stylizacji na przyjęcie sylwestrowe dla niej / niego. Proszę wybrać jedną stylizację i przekonać koleżankę / kolegę do kupna.

WARTO UŻYĆ

PRZEKONYWANIE
…to świetny wybór!
…jest najładniejszy/a/e!
Nie znajdziesz lepszego / lepszej!
Musisz to kupić!
Naprawdę pasuje do…
(+ *Dopełniacz*)!
Będziesz w nim / niej świetnie wyglądać!
Na pewno jest wygodny/a/e!
Nie będziesz żałować!
To świetna okazja!

WARTO UŻYĆ

ODRADZANIE
Fatalny kolor!
Kiepski materiał!
Nie wyobrażam sobie ciebie w tym… / w tej… (+ *Miejscownik*)
Daj spokój!
Kompletnie nie w moim / twoim stylu!
To kompletna pomyłka!

5

Jeszcze tylko odpowiednia biżuteria i stylizacja będzie gotowa! Proszę przeczytać wywiad z polską projektantką biżuterii, a potem:

A. połączyć pytania dziennikarza z odpowiedziami projektantki.

Skąd w ogóle wziął się pomysł na tego typu biżuterię?
O wyjątkowości Lilou stanowi głównie personalizacja?
Jak wyglądała ta domowa manufaktura?
Co spowodowało, że marka stawała się coraz popularniejsza?

Polska biżuteria w stolicy mody

Polska marka Lilou jest coraz bardziej znana nie tylko w Polsce, ale również na świecie. Niedawno pierwszy salon Lilou otwarto w Paryżu. Tę biżuterię wybierają gwiazdy ekranu i muzyki. Mnóstwo Polek nosi bransoletki, kolczyki, naszyjniki z charakterystycznym symbolem czterolistnej koniczyny. Jak powstała marka? Zaczęło się od tego, że Magdalena Mousson-Lestang zaczęła projektować bransoletki dla siebie i znajomych. Włożyła w to całe serce* i szybko okazało się, że zainteresowanie biżuterią jest tak duże, że trzeba było otworzyć małą manufakturę.

A. ....?
To były dwa pokoje – w jednym urządziłam biuro, w drugim pracownię. Tam się wszystko zaczęło.

***IDIOM**
* wkładać / włożyć w coś (całe) serce – bardzo się starać, robić coś z pasją

B. ....?
Grono osób, którym podobało się Lilou, zaczęło się stopniowo powiększać – znajomi polecali biżuterię swoim znajomym. Ale prawdziwy przełom zaczął się, kiedy zadzwoniła do mnie szefowa działu mody jednego z polskich prestiżowych magazynów. Postanowiła napisać o Lilou. Po tym artykule bransoletki stały się coraz bardziej rozpoznawalne.

C. ....?
Moim marzeniem było stworzenie marki opartej na personalizacji – grawerowanych bransoletek i naszyjników. To klient sam decyduje, co będzie napisane na jego biżuterii. Możemy wygrawerować na niej wszystko – imię ukochanej osoby, dziecka, ważną datę, hasło.

D. ....?
Przede wszystkim, ale nie tylko. Inną cechą jest uniwersalność – to biżuteria, która jest dyskretna i pasuje do wszystkiego – od szortów po wieczorową sukienkę.

na podstawie: Gabriela Rapięj, *Do sukcesu po sznurku - inspirująca historia M. Mousson-Lestang*, www.ofeminin.pl

B. opowiedzieć w kilku zdaniach, o czym jest ten wywiad.

C. dopasować biżuterię do wybranego przez panią / pana stroju z ćwiczenia 4. Proszę uzasadnić wybór.

biżuteria Lilou, www.lilou.pl

D. opowiedzieć o stylu osoby, który pani / panu się podoba (Jakie ubrania nosi? Jakie kolory wybiera? Jakie fasony lubi ta osoba?). Dlaczego pani / panu podoba się ten styl?

~ PRZYKŁADOWE ZADANIA CERTYFIKATOWE ~

Proszę odpowiedzieć na pytania.

1. Jak pani / pan dzisiaj wygląda? Proszę opisać swoje ubranie.
2. Co pani / pan lubi zwykle nosić? Dlaczego?
3. Co pani / pan często zakłada do pracy?
4. Jak ubiera się pani / pan w daleką podróż?
5. Jak często kupuje pani / pan ubrania i dodatki?
6. Dokąd lubi pani / pan chodzić na zakupy? Dlaczego?
7. Jaki jest narodowy strój z pani / pana kraju? Proszę go opisać.

Proszę opowiedzieć o tej osobie na podstawie fotografii.

Przykład: Na fotografii widzę młodą kobietę, która prawdopodobnie pracuje jako krawcowa. Myślę, że…

Pani / Pana kuzynka idzie niedługo na studniówkę. Dzwoni do pani / pana, ponieważ nie wie, co powinna założyć na tę okazję. Proszę jej doradzić. Proszę zapytać, jakie ubrania lubi nosić. Proszę zaproponować jej odpowiedni strój.

WARTO UŻYĆ

DORADZANIE

Powinnaś / Powinieneś + założyć / włożyć + co? (+ *Biernik*).

Moim zdaniem to świetna okazja, żeby + założyć / włożyć + co? (+ *Biernik*).

Myślę, że + co? (+ *Mianownik*) to odpowiedni strój na tę okazję.

A może założysz… + co? (+ *Biernik*)?

WARTO UŻYĆ

DZIĘKOWANIE

Dziękuję.

Bardzo dziękuję.

Dziękuję za… (+ *Biernik*)

Jestem wdzięczna / wdzięczny za… (+ *Biernik*)

Nawet nie wiesz, jak jestem ci wdzięczna / wdzięczny. (*nieformalnie*)

Dzięki. (*nieformalnie*)

WARTO UŻYĆ

ROZMOWA TELEFONICZNA

Słucham. / Halo.

Z tej strony… / Mówi…

Miło mi cię słyszeć.

Miło, że dzwonisz.

Dziękuję za telefon.

Do usłyszenia.

WARTO UŻYĆ

REAKCJA NA PODZIĘKOWANIE

Nie ma za co.

Cała przyjemność po mojej stronie.

Cieszę się, że mogłam / mogłem pomóc.

WSKAZÓWKI

9 MAZURY CZY BIESZCZADY?

podróże i miejsca

Jak dobrze zna pani / pan Polskę?

A. Proszę popatrzeć na mapę i rozwiązać quiz.

1. Smok Wawelski stoi pod:
   a. pałacem w Warszawie,
   b. zamkiem w Krakowie,
   c. kamienicą we Wrocławiu.

2. Syrenka to:
   a. pomnik w Warszawie,
   b. muzeum w Gdańsku,
   c. bulwar w Kielcach.

3. Papa Krasnal to:
   a. restauracja w Poznaniu,
   b. obraz w muzeum w Często-chowie,
   c. pomnik w centrum Wrocławia.

4. Neptun to część:
   a. kamienicy w Poznaniu,
   b. mostu w Zielonej Górze,
   c. fontanny w centrum Gdańska.

5. Koziołki to część:
   a. zegara w Poznaniu,
   b. kompasu w Zielonej Górze,
   c. wagi w Katowicach.

6. Spodek to:
   a. centrum nauki w Warszawie,
   b. muzeum w Białowieży,
   c. hala koncertowa w Katowicach.

7. Jasna Góra to:
   a. akademia w Zielonej Górze,
   b. obserwatorium astronomiczne we Wrocławiu,
   c. sanktuarium w Częstochowie.

8. Żubr to:
   a. zwierzę żyjące w Białowieży,
   b. znany pomnik we Wrocławiu,
   c. nazwa zoo w Katowicach.

9. Czarownice, zgodnie z legendami, spotykają się:
   a. na Łysej Górze niedaleko Kielc,
   b. w parku w Zielonej Górze,
   c. nad jeziorem blisko Białowieży.

10. Bachus to:
    a. fontanna w Gdańsku,
    b. posążek w Zielonej Górze,
    c. skwer w Warszawie.

B. Proszę zaznaczyć na mapie (ćwiczenie 1A) miejsca, w których już pani była / pan był albo te, do których chciałaby pani / chciałby pan pojechać. Następnie proszę zapytać koleżankę / kolegę:

– Które polskie miasta znasz? Skąd je znasz (np. z internetu, z telewizji, z książki, z relacji koleżanki / kolegi)?
– W których miastach już byłaś / byłeś? Kiedy tam byłaś / byłeś? Co ciekawego tam można zobaczyć? Co tam robiłeś?
– Które miasta chciałabyś / chciałbyś odwiedzić? Dlaczego?

C. Proszę przygotować, a następnie przeprowadzić podobny quiz o swoim kraju.

2

Wakacje w mieście czy na wsi? Nad jeziorem czy w górach? Która oferta wypoczynku będzie idealna na podróż poślubną, firmowy wyjazd integracyjny, jubileusz dziadków, weekendową wycieczkę? Proszę zapoznać się z ofertami noclegów, a następie dokończyć dialogi (proszę wziąć pod uwagę: długość pobytu, atrakcje hotelowe, ciekawe miejsca w okolicy, cenę, warunki noclegowe, wyżywienie, itd.):

a) żony i męża, którzy wybierają miejsce podróży poślubnej,
b) szefa i menedżera do spraw szkoleń, którzy wybierają miejsce na wyjazd integracyjny pracowników firmy,
c) wnuków, którzy organizują wyjazd niespodziankę dla babci i dziadka z okazji pięćdziesiątej rocznicy ślubu,
d) grupy zagranicznych studentów intensywnego kursu języka polskiego, którzy planują weekend.

www.h15boutiqueapartments.com

Pięciogwiazdkowy H15 Boutique Hotel & Residence jest usytuowany w ścisłym centrum Warszawy w zabytkowej kamienicy z XIX w. To doskonała propozycja dla osób poszukujących miejsca zarówno na krótki wypoczynek, jak i tych przybywających do stolicy na dłuższy pobyt.

STANDARD ROOM
1 osoba – 570 PLN, 2 osoby – 720 PLN

LUXURY SUITE
1 osoba – 980 PLN, 2 osoby – 1180 PLN, 3 osoby – 1380 PLN

TWO BEDROOM SUITE
2 osoby – 1480 PLN, 3 osoby – 1680 PLN, 4 osoby – 1880 PLN

Oferujemy:
• gorące śniadanie podawane do pokoju,
• trzydaniową kolację podawaną do pokoju,
• parking strzeżony,
• dostęp do siłowni hotelowej,
• 20% zniżki na usługi SPA,
• późne wymeldowanie (do 15.00).

Kontakt: e-mail: reservations@h15ab.com, tel: +48 22 55 38 777

www.stajnialipowo.pl

Serdecznie witamy w naszym gospodarstwie agroturystycznym, które jest położone w centrum Puszczy Piskiej, wśród przepięknych jezior i lasów Warmii i Mazur. Nasze gospodarstwo to idealna oferta dla osób ceniących ciszę i spokój.

Okolica obfituje w piękne zakątki. Nasze jeziora przyciągają wielu wędkarzy, a w pobliskich lasach można zbierać grzyby. Wokół jest wiele szlaków kajakowych i turystycznych. Miłośnicy historii też będą zadowoleni, bo w okolicy znajduje się dużo zabytków.

Ceny pobytu w naszych pokojach zaczynają się od 50 zł za osobę.

W celu uzyskania szczegółowych informacji dotyczących kosztów pobytu prosimy o kontakt.

Potwierdzeniem rezerwacji jest dowód wpłaty zaliczki w wysokości 50% kosztów pobytu przesłany na adres stajnialipowo@o2.pl.

Tel. 512 034 291
Adres: Lipowo 45, 11-710 Piecki

www.wicieresidence.pl

Hotel Wicie Residence

Wicie to urocza i spokojna miejscowość nad Morzem Bałtyckim niedaleko Darłowa. Jest to idealne miejsce dla wszystkich, którzy chcą odpocząć od zgiełku dużego miasta: dla par, rodzin z dziećmi, ale też dla uczestników wyjazdów integracyjnych. Wicie to wspaniałe miejsce dla miłośników przyrody.

Noclegi blisko morza i jeziora pozwalają cieszyć się malowniczymi trasami spacerowymi, bo tutejsze plaże i woda są wyjątkowo czyste.

Do Państwa dyspozycji oddajemy w pełni wyposażone, luksusowe apartamenty położone 150 metrów od plaży. W ofercie mamy apartamenty typu DeLuxe – 4-osobowe składające się z pokoju z aneksem kuchennym, łazienki i sypialni. Każdy z apartamentów ma balkon lub taras.

Oferta specjalna na weekend: 2 osoby, 2 noce, 1 pokój – 420 zł

Kontakt: tel.: +48 793 940 912
e-mail: recepcja@wicieresidence.pl

www.magnatinn.pl

Zapraszamy do naszego hotelu, który znajduje się w Zakopanem – w zimowej stolicy Polski, w samym sercu Tatr.

Magnat Inn to idealne miejsce dla osób poszukujących wypoczynku w ciszy i spokoju. Bardzo blisko znajdują się główne atrakcje miejscowości:

- kompleks wyciągów narciarskich w odległości ok. 15–20 minut pieszo
- kolejka na Gubałówkę w odległości ok. 15 minut pieszo
- słynna ulica Krupówki w odległości ok. 15–20 minut pieszo
- Teatr im. S. I. Witkiewicza w odległości ok. 5 minut pieszo
- dworzec PKP i PKS w odległości ok. 10 minut pieszo
- aquapark w odległości ok. 10 minut pieszo

Do Państwa dyspozycji oddajemy przestronne, komfortowe pokoje 2-, 3-, 4-osobowe z łazienkami. Większość pokoi ma balkony, z których widać szczyty Tatr. W każdym pokoju jest internet bezprzewodowy (Wi-Fi), telewizor z dostępem do kanałów telewizji satelitarnej, ręczniki, naczynia.

Cennik:
Pokój 2–4-osobowy 435 zł/noc

Kontakt:
tel. +48 513 451 633
magnatinn@gmail.com

www.jaworzec.com

Bacówka PTTK Jaworzec jest położona z dala od cywilizacji, w Bieszczadach, górach, które słyną ze swojego piękna, uroku i ciszy.

Oferujemy:
- bufet,
- pole namiotowe,
- 3 miejsca na ognisko,
- plac zabaw dla dzieci,
- biblioteczkę,
- gry planszowe,
- instrumenty muzyczne,
- wypożyczalnię rowerów,
- amatorskie pole golfowe (kije i piłeczki do wypożyczenia).

Schronisko akceptuje zwierzęta.

W bacówce są pokoje 2-, 4-, 5-, 6-osobowe oraz jeden 7-osobowy. Turysta powinien mieć własny śpiwór, ale jest możliwość wypożyczenia pościeli za dodatkową opłatą.

Cennik: 15 zł za łóżko za noc.

Kontakt:
+48 733 119 625
jaworzeccisna@gmail.com

www.uzdrowisko-naleczow.pl

Zapraszamy do pięknego Nałęczowa na kilka dni rozpieszczania, masaży i intensywnych zabiegów kosmetycznych.

Wszystko dla Twojej przyjemności. Konsultacje ze specjalistami dietetyki, odnowy i kosmetologii oraz indywidualnie dobrane zabiegi sprawią, że będziesz czuł/a się piękny/a i wypoczęty/a.

W cenie pakietu:
- 6 noclegów
- 3 posiłki dziennie
- 1 masaż gorącymi kamieniami
- 1 masaż głowy i karku: „Głowa w Chmurach"
- 1 masaż pleców: „Twoje Plecy"
- 1 masaż: „Lekkie nogi"
- nieograniczony wstęp na basen

CENNIK (cena za pobyt – 6 dób)	SEZON A 28.04 – 31.10		SEZON B (1.01 – 27.04 oraz 1.11 – 31.12)	
	Cena za pok.	Cena za os.	Cena za pok.	Cena za os.
Apartament 2-osobowy	5500 zł	2750 zł	5300 zł	2650 zł
Apartament 1-osobowy	2850 zł	2850 zł	2750 zł	2750 zł
Pokój 2-osobowy LUX	5300 zł	2650 zł	5100 zł	2550 zł
Pokój 1-osobowy LUX	2750 zł	2750zł	2650 zł	2650zł

Usługi pozapakietowe (dodatkowo płatne):
- wycieczki do atrakcyjnych miejscowości regionu,
- zwiedzanie Nałęczowa z przewodnikiem,
- wypożyczalnia rowerów.

Kontakt:
tel.: + 48 81 50 16 027 (24 h)
tel. kom.: + 48 516 282 764 (pn.–pt. 08:00–16:00)
e-mail: rezerwacje@zlun.pl

> **WARTO UŻYĆ**
>
> **PROPONOWANIE**
> *kontakt formalny:*
> Moja pierwsza propozycja to…
> Mogę zaproponować…
>
> *kontakt nieformalny:*
> Może…?
> Co powiesz na… (+ *Biernik*)?

> **WARTO UŻYĆ**
>
> **PYTANIE O OPINIĘ**
> *kontakt formalny:*
> Co pani / pan o tym myśli?
> Jakie jest pani / pana zdanie?
>
> *kontakt nieformalny:*
> Co o tym myślisz?
> Jakie jest twoje zdanie?

> **WARTO UŻYĆ**
>
> **ZGODA LUB BRAK ZGODY**
> *kontakt formalny:*
> Całkowicie się z panią / z panem zgadzam!
> Nie mogę się z panią / panem zgodzić.
>
> *kontakt nieformalny:*
> Zgadzam się.
> Jaki dobry plan!
> To beznadziejny pomysł.

> **WARTO UŻYĆ**
>
> **ZABIERANIE GŁOSU**
> *kontakt formalny:*
> Czy mogłabym / mógłbym coś powiedzieć?
> Chciałabym / Chciałbym zabrać głos.
>
> *kontakt nieformalny:*
> Mogę coś powiedzieć?
> Daj mi dojść do słowa!

DIALOG A

Krysia: Kochanie, chyba czas wybrać kierunek naszej podróży poślubnej. Marzą mi się jakieś odległe i gorące wyspy. Kuba, Hawaje, Filipiny. Co o tym myślisz?

Radek: Myszko, to bez sensu, przecież wiesz, że nie dostanę tyle urlopu. Poza tym pamiętasz, jak bardzo nie lubię latać.

Krysia: To może jakiś dobry hotel nad naszym morzem albo w górach?

Radek: …

DIALOG B

Menedżer: Dzień dobry, panie dyrektorze. Przygotowałem kilka propozycji majowego wyjazdu integracyjnego dla pracowników naszej firmy.

Dyrektor: Świetnie, panie Marcinie, co pan proponuje?

Menedżer: Moja pierwsza propozycja to…

– …

DIALOG C

Oliwia: Jacek, zostały tylko dwa miesiące do jubileuszu dziadków, musimy coś wymyślić.

Jacek: Ale co, masz jakiś pomysł?

Oliwia: …

DIALOG D

Pablo: Cześć, Tereska, co robisz w weekend? Będzie ładna pogoda. Może gdzieś pojedziemy?

Teresa: …

3 Jest pani / pan na spotkaniu podróżników w pubie „Wędrówki" we Wrocławiu. Wymienia się pani / pan doświadczeniami na temat podróży z uczestnikami spotkania. Proszę uzupełnić poniższą listę pytań, a potem zadać je różnym osobom, zanotować odpowiedzi i zaprezentować je.

a) **Plecak czy walizka?**
b) Sam czy z kimś?
c) Duże miasto czy mała wieś?
d) Latem czy zimą?
e) Długo czy krótko?
f) Pociągiem czy samochodem?
g) Hotel czy hostel?
h) ……………………………………………………… ?
i) ……………………………………………………… ?
j) ……………………………………………………… ?
k) ……………………………………………………… ?

Przykład: *Plecak, bo kiedy podróżuję, często zmieniam nocleg. Nie lubię spacerować po mieście z walizką, to niewygodne.*

4

Proszę narysować 5 symboli związanych z pani / pana ostatnimi wakacjami. Następnie proszę popatrzeć na symbole pani / pana koleżanki / kolegi. Proszę spróbować odgadnąć jak najwięcej informacji. Koleżanka / kolega potwierdza lub zaprzecza temu, co pani / pan mówi. Potem proszę opowiedzieć o ostatnich wakacjach koleżanki / kolegi.

> **WARTO UŻYĆ**
>
> **WYRAŻANIE PRZYPUSZCZENIA**
> Wydaje mi się, że…
> Prawdopodobnie…
> Być może…
> Nie jestem pewna / pewny, ale chyba…
> Nie wiem, ale może…

> **WARTO UŻYĆ**
>
> **POTWIERDZANIE**
> Tak, zgadza się.
> Tak, masz rację.
> Tak, to prawda.

Przykład:

– *Wydaje mi się, że narysowałaś samochód, którym ostatnio pojechałaś na wakacje.*
– *Nie, nie zgadza się.*
– *To może to jest…*

> **WARTO UŻYĆ**
>
> **ZAPRZECZANIE**
> Nie, nie zgadza się.
> Nie, nie masz racji.
> Nie, to nieprawda.

5

Bursztyn – pamiątka znad Bałtyku
Proszę przeczytać tekst, a potem:

A. dopasować teksty do fotografii.

A. Bursztyn to nie tylko biżuteria. Jest też składnikiem kosmetyków, a nawet napojów alkoholowych. Nalewka bursztynowa podobno ma właściwości lecznicze.

B. Bursztyn (z języka arabskiego „amber") to ceniony od wieków kamień. Może mieć różne kolory: złoty, żółty, miodowy, brązowy, a nawet czarny. Można go znaleźć na plażach nad Morzem Bałtyckim.

C. Przez terytorium Polski prowadziła znana w starożytności droga handlowa. Handlarze z bardzo dalekich krajów (np. z Imperium Rzymskiego) podróżowali nad Bałtyk po bursztyn, który już wtedy był znany i wykorzystywany jako ozdoba i lekarstwo.

D. Z bursztynu od dawna robi się różne ozdoby. Najstarsza biżuteria z tego kamienia ma kilka tysięcy lat. Dziś można go kupić na deptaku w każdej nadmorskiej miejscowości. To popularna pamiątka znad morza.

B. na podstawie samych fotografii (w kolejności 1–4) opowiedzieć, o czym jest ten tekst.

C. opowiedzieć, jakie pamiątki można przywieźć z pani / pana miejscowości / regionu / kraju.

PRZYKŁADOWE ZADANIA CERTYFIKATOWE

I

Proszę odpowiedzieć na pytania.

1. Dokąd lubi pani / pan podróżować? Dlaczego?
2. Jaka była pani / pana najlepsza podróż?
3. Co zawsze zabiera pani / pan ze sobą w podróż?
4. Czym lubi pani / pan podróżować? Dlaczego?
5. Kiedy ostatnio wyjeżdżała pani / wyjeżdżał pan?
6. Gdzie lubi pani / pan nocować podczas podróży?
7. Co pani / pan zwykle przywozi ze sobą z podróży?

II

Proszę opowiedzieć o tej osobie na podstawie fotografii.

Przykład: Kobieta na fotografii wygląda na aktywną osobę. Myślę, że…

III

Jest pani / pan na wakacjach w Polsce. Jedzie pani / pan pierwszy raz do Wrocławia. Idzie pani / pan do biura informacji turystycznej na dworcu kolejowym (PKP). Proszę zapytać o: plan miasta, atrakcje turystyczne, restauracje, transport do pani / pana hostelu.

WSKAZÓWKI

WARTO UŻYĆ

WYRAŻANIE ZAINTERESOWANIA

Interesuje / Interesują mnie… (+ *Mianownik*)
Jestem zainteresowana/y… (+ *Narzędnik*)
To bardzo ciekawe.
Naprawdę? Koniecznie muszę…
O! Nie wiedziałam / wiedziałem, że…

WARTO UŻYĆ

PROŚBA O INFORMACJĘ

Chciałabym / Chciałbym zapytać, …
Czy może mi pani / pan powiedzieć, …
Czy mogłaby mi pani / mógłby mi pan powiedzieć, …
Czy wie pani / pan, …
Mam kilka pytań. Czy mogę…?

10 ŻYJ ZDROWO! — *zdrowie*

1

Z czym kojarzy się pani / panu ta grafika? Proszę uzupełnić schemat, a potem wybrać kilka słów / fraz i opowiedzieć o sobie.

zdrowo się odżywiać

mieć katar

osłabiony

Przykład: *Moim zdaniem **zdrowo się odżywiam**, bo codziennie jem dużo warzyw i owoców. Piję też litr wody. Unikam słodyczy i niezdrowych przekąsek. Staram się też regularnie biegać.*

2

Osoby przedstawione na fotografiach źle się czują.

A. Proszę powiedzieć, co im dolega, dlaczego źle się czują.

Przykład: *Myślę, że boli go brzuch. Być może zjadł coś niezdrowego albo ma infekcję wirusową.*

Gabryś, 11 lat, uczeń

Sandra, 31 lat, redaktor naczelna gazety

Jarek, 26 lat, muzyk

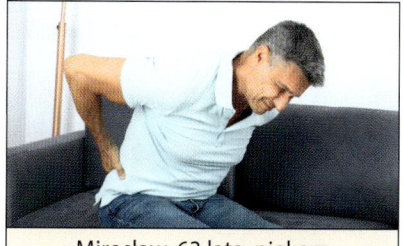

Mirosław, 63 lata, piekarz

Seweryn, 24 lata, nauczyciel wychowania fizycznego

Tobiasz, 28 lat, i Klara, 30 lat, właściciele sklepu rowerowego

B. Jest pani / pan koleżanką / kolegą osób z zadania 2A. Proszę zapytać je o samopoczucie (można wykorzystać pytania z ramki), a potem doradzić im, co powinny zrobić. Proszę przygotować dialogi z koleżanką / kolegą.

Przykład (fot. 1):
- Cześć, Gabryś! Co się stało?
- Bardzo boli mnie brzuch. Chyba nie pójdę na następną lekcję.
- Czy zjadłeś coś nieświeżego?
- Nie wiem. Rano zjadłem tylko kanapkę z jajkiem i wypiłem kakao.
- Aha, myślę, że powinieneś wrócić do domu, wypić herbatę miętową i położyć się. Na pewno nie możesz zostać w szkole. Musisz odpocząć.
- Masz rację. Zaraz zadzwonię po mamę.

| czy? | co? | kiedy? | ile? |
| jak długo? | od jak dawna? | gdzie? |

WARTO UŻYĆ

RADA (DORADZANIE)

Myślę, że (nie) powinnaś / powinieneś…
Wydaje mi się, że musisz… / nie możesz…
Na pewno (nie) warto…
Zdecydowanie (nie) warto…
Na twoim miejscu… (+ *tryb przypuszczający*)

 3

Kiedy źle się czujemy, najpierw zwykle dzwonimy do przychodni, żeby umówić się do lekarza. To może być wizyta w przychodni, w domu albo teleporada. Proszę przeczytać rozmowę telefoniczną, podkreślić zwroty typowe dla sytuacji u lekarza, a następnie przygotować podobny dialog (proszę wybrać jedną sytuację z ćwiczenia 2A).

TELEPORADA
- Przychodnia „Zdrowy jak ryba"*. Słucham.
- Dzień dobry. Z tej strony Martyna Starczewska. Źle się czuję. Chciałabym porozmawiać z panią doktor Agnieszką Kubicką.
- Proszę się nie rozłączać. Pani doktor ma teraz pacjenta. Za moment panią połączę.
- Dobrze, dziękuję.

(5 minut później)
- Agnieszka Kubicka, słucham.
- Dzień dobry, pani doktor. Mówi Martyna Starczewska. Źle się czuję, chyba mam anginę, bo bardzo boli mnie gardło.
- Czy ma pani gorączkę?
- Tak, wczoraj wieczorem miałam 39 stopni.
- Od kiedy ma pani te objawy?
- Od wczoraj.
- To może być angina, ale muszę panią zbadać, żeby mieć pewność. Proszę umówić się w rejestracji na wizytę jeszcze na dzisiaj.
- Dziękuję bardzo. Zaraz to zrobię.

WARTO UŻYĆ

ROZMOWA TELEFONICZNA

Słucham. / Halo.
Z tej strony… / Mówi…
Chciałabym / Chciałbym porozmawiać z…
(+ *Narzędnik*)
Czy może mnie pani / pan połączyć z… (+ *Narzędnik*)
Dziękuję za telefon.
Proszę się nie rozłączać.
Połączę panią / pana z… (+ *Narzędnik*)
Do usłyszenia.
To pomyłka.

 IDIOM

* *zdrowy jak ryba – bardzo zdrowy, czuje się świetnie*

4

Czy prowadzi pani / pan zdrowy tryb życia? Co trzeba robić, żeby być w dobrej kondycji psychicznej i fizycznej? Proszę popatrzeć na ilustracje i na ich podstawie przygotować 10 zasad zdrowego człowieka. Proszę nagrać krótki film (np. telefonem) na stronę www.jakżyć100lat.pl i przedstawić w nim przygotowane wskazówki.

• ŻYJ ZDROWO! •

1. *Nie pal papierosów, bo bardzo szkodzą zdrowiu, powodują na przykład kaszel i choroby gardła* .
2. ....
3. ....
4. ....
5. ....
6. ....
7. ....
8. ....
9. ....
10. ....

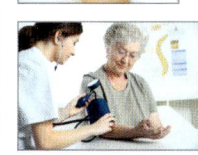

5

Krótka historia sukcesu.

A. Proszę przeczytać tekst, wypisać słowa klucze i na ich podstawie opowiedzieć historię Ireny Eris.

IRENA ERIS – Polka, bizneswoman, kobieta sukcesu

Irena Eris odniosła wielki sukces. Jest właścicielką znanej firmy kosmetycznej, która sprzedaje swoje produkty na całym świecie. Jakie były początki jej kariery?

Kiedy nie dostała się na wymarzoną medycynę, wybrała studia farmaceutyczne na Akademii Medycznej w Warszawie. Jeszcze podczas studiów zaczęła robić pierwsze kosmetyki – najpierw dla siebie (miała problemy z trądzikiem i alergią), później także dla znajomych. Obroniła pracę doktorską na uniwersytecie w Niemczech. Po skończeniu studiów zaczęła pracować w laboratorium polskiej firmy farmaceutycznej *Polfa*, ale ta praca nie dawała jej satysfakcji. Zdecydowała, że zacznie pracować na własny rachunek. „Wiedziałam, że jestem kobietą wykształconą. Spróbuję. Jak mi się uda, to bardzo dobrze" – tak tłumaczyła dziennikarzom swoją decyzję o założeniu firmy Eris. Pierwszy zakład Eris otworzyła w miejscu, w którym dawniej była piekarnia. Zakład był niewielki – miał 50 m². Początkowo Eris produkowała tylko jeden rodzaj kremu, który przygotowywała w garnku, a następnie pakowała do słoików. Jej mąż rozwoził towar małym autem – Fiatem 126p. Firma rozwijała się bardzo szybko, a w ofercie pojawiły się balsamy i kremy dla dzieci.

Dziś koncern Eris zatrudnia około 800 pracowników, w asortymencie ma blisko 500 produktów i sprzedaje 25 mln sztuk kosmetyków rocznie. W 2011 roku obroty spółki wyniosły 169 mln złotych, swoje towary eksportuje ona do kilkudziesięciu krajów na całym świecie. Sama Eris deklaruje, że praca wciąż sprawia jej wielką satysfakcję.

Słowa klucze:

....
....
....
....

na podstawie: Agnieszka Brzostek, *Historia Ireny Eris: Zaczynała od metalowego garnka i jednego kremu, dziś stoi na czele koncernu*, www.forsal.pl

B. Proszę przygotować projekt firmy, która jest związana ze zdrowiem (firma kosmetyczna, farmaceutyczna, centrum odnowy biologicznej itd.) albo projekt fundacji, która promuje zdrowy styl życia. Proszę wymyślić nazwę i stworzyć ofertę. Proszę zaprezentować ją na forum.

PRZYKŁADOWE ZADANIA CERTYFIKATOWE

I

Proszę odpowiedzieć na pytania.

1. W jaki sposób dbać o swoje zdrowie?
2. Co należy robić, żeby dobrze się czuć?
3. Jak często powinno się uprawiać sport?
4. Jaka powinna być zrównoważona dieta?
5. Jakie choroby są charakterystyczne dla sezonu jesienno-zimowego? Jak możemy im zapobiegać?
6. Czy zna pani / pan naturalne metody leczenia? Jakie?
7. W jaki sposób mieszkańcy pani / pana kraju dbają o zdrowie i dobre samopoczucie?

II

Proszę opowiedzieć o tej osobie na podstawie fotografii.

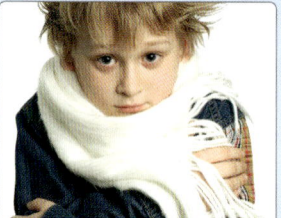
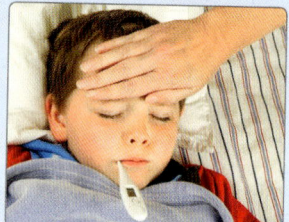
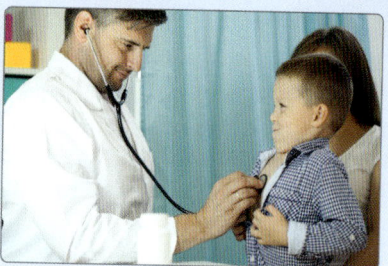

Przykład: Na fotografii widzę małego chłopca, który bawi się zimą na śniegu.

III

Źle się pani / pan czuje. Idzie pani / pan do przychodni „Zdrowy jak ryba". Proszę powiedzieć, jakie ma pani / pan objawy, jak długo je pani / pan ma, a potem zapytać o zwolnienie lekarskie z pracy.

WSKAZÓWKI

WARTO UŻYĆ	WARTO UŻYĆ
PYTANIE O SAMOPOCZUCIE Co pani / panu dolega? Jak się pani / pan czuje? Co się dzieje? Co się stało?	**WYRAŻANIE SAMOPOCZUCIA** Źle / Kiepsko / Bardzo źle / Fatalnie się czuję. Boli mnie… (+ *Mianownik* l. poj.) Bolą mnie… (+ *Mianownik* l. mn.) Mam… (+ *Biernik*)

KLUCZ ODPOWIEDZI

A1

1. JESTEM INŻYNIEREM

1

Przykład: Jak się pani / pan nazywa? – Nazywam się Michalak / Wysocki /…
Jak pani / pan ma na imię? – Mam na imię Ewa / Michał /…
Jaki pani / pan ma adres? – Mój adres to ulica / plac / aleja…
Skąd pani / pan jest? – Jestem z Polski / Ukrainy / USA /…
Jaki pani / pan ma numer telefonu? – Mój numer telefonu to 765 342 851 /…
Jakie pani / pan zna języki? – Znam polski / angielski / niemiecki /… ALBO Mówię po polsku / po angielsku / po niemiecku /…
Gdzie pani / pan mieszka? – Mieszkam w Warszawie / Krakowie / Gdańsku / we Wrocławiu /…
Kim pani / pan jest z zawodu? – Jestem inżynierem / studentką… (+ Narzędnik)
Ile pani / pan ma lat? – Mam 18 lat / 54 lata /…

2

Przykład: Ona ma na imię SongYong. Nazywa się Kim. SongYong jest z Korei. Ona ma 23 lata i jest studentką. Zna koreański i angielski. / Mówi po koreańsku, po chińsku i po angielsku.
On ma na imię Bartek. Nazywa się Drzewiecki. Bartek jest z Polski. On ma 45 lat i jest biznesmenem. Zna polski, angielski i niemiecki. / Mówi po polsku, po angielsku i po niemiecku.
Ona ma na imię Aynur. Nazywa się Oruç. Aynur jest z Turcji. Ona ma 67 lat i jest emerytką. Zna turecki, arabski i francuski. / Mówi po turecku, po arabsku i po francusku.

5

1. Tak, wiem. On nazywa się Kot.
2. Tak, wiem. On ma … lat.
3. Tak, wiem. On jest z Polski.
4. Nie, nie wiem, gdzie on mieszka.
5. Tak, wiem. On zna angielski. / On mówi po angielsku.
6. Tak, wiem. On jest z zawodu aktorem.
7. Nie, nie wiem, jaki on ma adres email.

2. LUBIĘ NOSIĆ DŻINSY

1A

sylwetka: zgrabna/y (przykład), szczupły/a, gruby/a, tęgi/a, wysportowany/a
włosy: blondyn(ka), szatyn(ka), rudy/a, brunet(ka), długie, krótkie
wzrost: niski/a, wysoki/a, średniego wzrostu
charakter: sympatyczny/a, miły/a, niemiły/a, spokojny/a, aktywny/a, nerwowy/a, pracowity/a, leniwy/a, ambitny/a, spontaniczny/a, kreatywny/a

1B

typowo damskie: sukienka, kostium, spódnica, żakiet, bluzka, szpilki, kozaki, rajstopy, szorty, biustonosz / stanik
typowo męskie: garnitur, marynarka, krawat, bokserki
uniwersalne: dżinsy (przykład), spodnie, koszulka, buty, sandały, adidasy, skarpetki, bluza z kapturem, koszula, kurtka, czapka, szalik, rękawiczki, płaszcz

4

1. Jaki pani ma rozmiar? 2. Dziękuję. Gdzie jest przymierzalnia? 3. Niestety, jest za duża. Czy jest mniejszy rozmiar? 4. Czy mogę przymierzyć białą? 5. Pasuje. Jest w sam raz. 6. Dzień dobry. Płaci pani kartą czy gotówką? 7. Dziękuję. Czy doliczyć papierową torbę na zakupy?

3. MAM SIOSTRĘ I BRATA

1

0. *mama*, 1. tata / tato, 2. siostra, 3. babcia, 4. dziadek, 5. ciocia, 6. wujek, 7. kuzynka, 8. kuzyn, 9. mąż, 10. córka, 11. syn, 12. synowa, 13. wnuk, 14. wnuk, 15. wnuczka, 16. wnuczka

2

Przykład: 1 – B, 2 – D, 3 – A, 4 – C

3

Przykład: Alicja jest żoną Rafała i mamą Kacpra i Leny. Ona ma 52 lata i jest weterynarzem. Na pewno lubi zwierzęta. Myślę, że codziennie do późna pracuje w klinice dla zwierząt, dlatego pije dużo kawy.
Rafał: jest mężem Alicji i tatą Kacpra i Leny. On ma 58 lat i jest nauczycielem. Na pewno lubi włoską kuchnię. Jego ulubione danie to pizza.
Kacper: jest bratem Leny, synem Alicji i Rafała. On ma 28 lat. Myślę, że pracuje jako informatyk. Bardzo lubi komputery i swojego kota.
Lena: jest siostrą Kacpra i córką Alicji i Rafała. Ona ma 23 lata. Jest młoda, ładna i ambitna i bardzo lubi czytać książki. Myślę, że jest studentką.
Wiktor: jest bratem Hani i synem Marty i Darka. Jest też kuzynem Leny i Kacpra. On ma 15 lat. Jest uczniem szkoły podstawowej. Lubi sport, szczególnie piłkę nożną.

7A

Nazywam się Edyta Winiarska. Mam 45 lat. Pracuję jako **fryzjerka**. Jestem bardzo energiczna, ale nie jestem **wysportowana**. Lubię być zajęta. Dużo pracuję, a w wolnym czasie jeżdżę na **rowerze** z moim mężem. Mój mąż ma na imię Tobiasz. Ma 56 lat. Jest mechanikiem. Reperuje **samochody / auta** i motocykle. Lubi sport. Interesuje się **koszykówką** i **piłką nożną**. Mamy córkę. Ma na imię Dorota. Ma 21 lat i jest **studentką**. Myślę, że jest bardzo ładna. Jest wysoka, szczupła i **wysportowana**, ale ona myśli inaczej. Interesuje się **chemią**. Ma chłopaka Bartka. To chyba coś poważnego.

4. MOJE ŚNIADANIE, MÓJ OBIAD, MOJA KOLACJA

1

owoce: cytryna (przykład), pomarańcza, banan, jabłko, gruszka
warzywa: ziemniaki, pomidor, cebula
napoje: kawa, herbata, wino czerwone, woda, sok jabłkowy, piwo
dania: zupa pomidorowa, kotlet z frytkami, kurczak z ryżem, pierogi
inne produkty: chleb, sól, cukier, lody, bułka, dżem, szynka, masło, ciasto, ser żółty, jajko

3

Przykład: Mieczysław lubi ciemny chleb i sok jabłkowy, ale nie lubi kurczaka. Lubi też szynkę, ale nie lubi zielonej herbaty. Lubi białą czekoladę, cebulę i świeże mleko, ale nie lubi jasnego piwa.
Bartek nie lubi ciemnego chleba, ale lubi sok jabłkowy i kurczaka. On nie lubi szynki i zielonej herbaty, ale lubi białą czekoladę. Nie lubi cebuli i świeżego mleka. Nie może pić jasnego piwa, bo jest za młody :)
Karolina lubi ciemny chleb, ale nie lubi soku jabłkowego i kurczaka. Karolina lubi szynkę i zieloną herbatę, ale nie lubi białej czekolady. Lubi cebulę, ale nie lubi świeżego mleka. Lubi jasne piwo.

5

fot. 1 – śniadanie, fot. 2 – obiad, fot. 3 – kolację

7

a. Ile kosztuje bigos? Bigos kosztuje 20 złotych.
b. Czy w menu są dania bez mięsa? Tak, są dania wegetariańskie.
c. Z czym są naleśniki? Naleśniki są z serem.
d. Jaka herbata jest oferowana w menu? W menu jest herbata czarna i zielona.
e. Z czym podawany jest kotlet schabowy? Kotlet schabowy jest podawany z ziemniakami i surówką.
f. Które danie kosztuje 13 złotych? Zupa pomidorowa i zupa ogórkowa.
g. Jaki sok jest oferowany w menu? Sok jabłkowy.
h. Co pani chciałaby / pan chciałby zamówić? Dlaczego? (odpowiedź dowolna)

5. PRZEPRASZAM, JAK DOJŚĆ DO RYNKU?

1C

Przykład: Marek mieszka przy ulicy Filmowej, blisko kina.
Jego rodzice mieszkają na rogu ulicy Zdrowej i Długiej, blisko przychodni, rynku i linii metra. Mają widok na pocztę i cały rynek.
Jego siostra mieszka przy ul. Parkowej. To jest po drugiej stronie rynku naprzeciwko parku.
Dziadkowie mieszkają blisko rzeki, naprzeciwko szkoły.
Kuzyn Marka mieszka w akademiku na kampusie na wprost uniwersytetu.
Dziewczyna Marka mieszka na rogu ul. Szkolnej i Filmowej, blisko rzeki.

2

przykład: przystanek autobusowy, 2. boisko, 3. kościół, 4. ambasada, 5. galeria handlowa, 6. kino, 7. bezpośrednio przy ulicy są: stacja metra, bank, poczta, rynek, kościół, 8. bezpośrednio przy ulicy są: kiosk, kino, cmentarz, urząd miasta, kawiarnia, bankomat, 9. sklep spożywczy, hostel i stacja metra, 10. cmentarz, 11. urząd miasta

4

Przykład: 1 – B, 2 – C, 3 – A

6. CODZIENNIE CHODZĘ SPAĆ O 23:00

3A

To są przykładowe rozwiązania zadania.

Osoba A: Ona nazywa się Katarzyna Noskowska, ma 26 lat i jest studentką. *Przykład: W piątek Katarzyna wstaje o szóstej trzydzieści (6:30)*. Potem o siódmej piętnaście (7:15) pije herbatę. O ósmej (8:00) jedzie autobusem na uniwersytet. O dziewiątej (9:00) ma wykład. *Przykład: O dwunastej (12:00) Katarzyna je obiad w barze*. O szesnastej czterdzieści pięć (16:45) ona wraca do domu. Wieczorem o osiemnastej (18:00) ćwiczy jogę. O dwudziestej trzydzieści (20:30) Katarzyna je kanapkę na kolację. O dwudziestej drugiej (22:00) ona ogląda telewizję, a o dwudziestej trzeciej trzydzieści (23:30) idzie spać.

Osoba B: Ona nazywa się Anna Mirecka, ma 34 lata i jest dziennikarką. W piątek Anna budzi się o szóstej trzydzieści (6:30). *Przykład: Anna pije kawę i robi śniadanie dla dziecka o siódmej piętnaście (7:15)*. O ósmej (8:00) jest razem z dzieckiem w kawiarni. Ona pije kawę, a dziecko śpi. Potem o dziewiątej (9:00) Anna jest w parku, gdzie spotyka się z koleżanką, która też ma małe dziecko. O dwunastej (12:00) robi obiad. Po południu, o szesnastej czterdzieści pięć (16:45) Anna rozmawia przez telefon, a jej dziecko bawi się laptopem. Mąż Anny wraca z pracy o osiemnastej (18:00). O dwudziestej trzydzieści (20:30) Anna i jej mąż jedzą kolację i rozmawiają. O dwudziestej drugiej (22:00) oni leżą już w łóżku i czytają książki, a o dwudziestej trzeciej trzydzieści (23:30) idą spać.

Osoba C: On nazywa się Marek Kotecki, ma 29 lat i jest inżynierem. Zwykle w piątek Marek budzi się o szóstej trzydzieści (6:30), ale wstaje dopiero o siódmej piętnaście (7:15). O ósmej (8:00) jedzie samochodem do pracy, a o dziewiątej (9:00) pije kawę. O dwunastej (12:00) Marek pracuje na komputerze. O szesnastej czterdzieści pięć (16:45) ma krótką przerwę. Zwykle je wtedy kanapkę i pije sok pomarańczowy. Marek wraca do domu o osiemnastej (18:00), a już o dwudziestej trzydzieści (20:30) jest z kolegami w pubie. Oni piją piwo i chyba oglądają mecz. O dwudziestej drugiej (22:00) Marek jest w klubie i tańczy, a o dwudziestej trzeciej trzydzieści (23:30) wraca taksówką do domu.

5

To są przykładowe rozwiązania zadania.

Zły piątek Roberta
Przykład: W piątek piętnaście po dziewiątej (9:15) Robert jest w biurze i intensywnie pracuje na komputerze. Potem o wpół do pierwszej (12:30) robi przerwę na kawę, bo jest bardzo zmęczony. Za pięć czwarta (15:55), kiedy już wychodzi z pracy, rozmawia z nim szef. Ma dla Roberta jakieś dokumenty. Być może chce mu dać pracę do domu. Robert jest zdenerwowany. W końcu dziesięć po piątej (17:10) wychodzi z pracy i wraca tramwajem do domu. Niestety, w tramwaju jest bardzo dużo ludzi, a Robert jest zmęczony.

Dobry weekend Roberta
W sobotę dziesięć po piątej (17:10) Robert jest już milionerem. Szybko zapomina o fatalnym piątku. W niedzielę dwadzieścia po dziesiątej (10:20) jest już ze swoją dziewczyną w hotelu. Oni opalają się i piją drinki na tarasie. Potem za piętnaście dwunasta (11:45) Robert pływa jachtem, a o wpół do trzeciej (14:30) pływa z delfinami i świetnie się bawi.

6A

1. *w górach* (przykład), 2. Zakopane, 3. we wrześniu, poza sezonem, kiedy nie ma turystów, 4. w pensjonacie przy Krupówkach – to jest główna ulica Zakopanego, 5. bardzo wcześnie, o 6:00 albo 6:30, 6. długo spacerują i wędrują, podziwiają piękne widoki, 7. późno, około 19:00, 8. zwykle góralską kwaśnicę, 9. spacerują po Krupówkach, wracają do pensjonatu, 10. idą spać wcześnie, około 21:30

7. LUBIĘ PODRÓŻOWAĆ

1A

To są przykładowe rozwiązania. Możliwości jest więcej.

W mieście można: (przykład) oglądać film w kinie, spacerować, spotykać się w kawiarni, chodzić do teatru, zwiedzać muzeum, jeść obiad w restauracji.
Na wsi można: spacerować, wędrować, robić piknik, podziwiać naturę, oglądać zwierzęta, zrywać kwiaty.
Nad morzem można: spacerować, pływać, żeglować, opalać się, robić babki z piasku, leżeć na plaży, odpoczywać.
W górach można: spacerować, wędrować, wspinać się, nocować w schronisku, spać pod namiotem.
Nad jeziorem można: pływać, pływać kajakiem, żeglować, robić piknik, opalać się, spać pod namiotem, robić babki z piasku, leżeć na plaży, odpoczywać.
W lesie można: zbierać grzyby, spacerować, robić piknik, spać pod namiotem.

2

Marek lubi biegać w parku, robić zdjęcia, oglądać filmy i seriale.
Grzegorz lubi czytać książki, spotykać się ze znajomymi i spacerować po mieście.
Dorota lubi robić zdjęcia, spacerować po mieście i jeździć na rowerze.
Ola lubi grać na komputerze, oglądać filmy i seriale i uczyć się języków obcych.
Marta i Adam lubią spotykać się ze znajomymi, spacerować po mieście, oglądać filmy i seriale.
Bożena i Sara lubią spotykać się ze znajomymi, robić zdjęcia i jeździć na rowerze.

3

Przykład: Kraków, 1 – Gdańsk, 2 – Augustów, 3 – Warszawa, 4 – Lublin, 5 – Zakopane, 6 – Wrocław, 7 – Poznań, 8 – Toruń

4

Przykład: *Sven Gunar ma 28 lat i jest z Norwegii. On lubi podróżować do Hiszpanii. Lubi tam spędzać czas nad morzem. Kiedy jest na wakacjach, lubi leżeć na plaży i opalać się. On zwykle nocuje w hostelu. Na wakacje bierze ze sobą okulary przeciwsłoneczne. Lubi podróżować wtedy, kiedy jest ciepło i świeci słońce, czyli wiosną albo latem.*

Pablo Hernandez ma 35 lat i jest z Hiszpanii. On lubi podróżować do Włoch. Lubi tam spędzać czas w górach. We Włoszech w czasie urlopu on lubi jeździć na nartach. Zwykle nocuje w schronisku albo w pensjonacie. On bierze ze sobą ciepłe ubranie, na przykład swetry. Lubi podróżować wtedy, kiedy jest zimno i pada śnieg, czyli zimą.

Anastazja Szewczenko ma 22 lata i jest z Ukrainy. Ona lubi podróżować do Paryża. Lubi tam spędzać czas w mieście. Kiedy jest na wakacjach, lubi zwiedzać muzea i galerie sztuki. Ona zwykle nocuje w hotelu. Na wakacje bierze ze sobą aparat fotograficzny. Lubi podróżować wtedy, kiedy liście na drzewach są kolorowe, czyli jesienią.

Dunja Rakic ma 28 lat i jest z Chorwacji. Ona lubi podróżować do Polski. Lubi spędzać czas nad jeziorem. Kiedy jest na wakacjach, lubi pływać żaglówką / żeglować po jeziorach. Zwykle nocuje na kempingu pod namiotem. Bierze ze sobą ciepłe ubranie, na przykład kurtkę. Lubi podróżować, kiedy jest ciepło i świeci słońce, czyli wiosną.

5

Festiwal food trucków:
a) W Poznaniu; b) Nie, na stadionie; c) Nie, festiwal zaczyna się o 12:00; d) O 20:00

Festiwal filmowy Nowe Horyzonty:
a) We Wrocławiu; b) Tak; c) Nie; d) Z Adamem Wajrakiem

Jarmark Świętego Dominika:
a) W Gdańsku; b) Tak; c) Tak; d) Od 27 lipca do 18 sierpnia

Karnawał sztukmistrzów:
a) W Lublinie; b) Nie, latem; c) Tak; d) Na ulicy

8. MIESZKANIE CZY AKADEMIK?

1

To są przykładowe rozwiązania:

kuchnia – kuchenka, stół, krzesła, lodówka, piekarnik, zlew, mikrofalówka – przestronna, jasna, mała, wygodna, nowoczesna – gotować, jeść
sypialnia – łóżko, szafa, szafka nocna, lampka, komoda – duża, przytulna, jasna – spać, odpoczywać, iść spać, budzić się, wstawać, ubierać się, rozbierać się
salon / pokój dzienny – sofa, telewizor, fotel, stolik kawowy, komoda, regał, dywan, lampa – duży, wygodny, nowoczesny, staromodny – odpoczywać, oglądać telewizję, czytać książki, spotykać się z kolegami

pokój dziecięcy / pokój dziecka – łóżeczko dziecięce, pojemnik na zabawki, zabawki, dywan, biurko, krzesło, regał – mały, kolorowy, przytulny, wygodny – spać, bawić się, odpoczywać, grać w gry komputerowe, grać na gitarze, spotykać się z kolegami

korytarz – wieszak, szafa, wycieraczka, komoda, lustro, półka – długi, wąski, mały, ciemny, ciasny, przestronny – wchodzić do domu, wychodzić z domu, ubierać się, zakładać np. kurtkę, buty, zdejmować np. czapkę, rękawiczki, przeglądać się w lustrze, zostawiać mokry parasol

2A
fot. 1 – C, fot. 2 – A, fot. 3 – B

2B
a) Akademik znajduje się we Wrocławiu, blisko dworca PKP oraz galerii handlowej, sklepów, punktów usługowych, restauracji i barów.
b) Mikroapartament ma 18 metrów kwadratowych.
c) Mieszkanie studenckie ma 3 pokoje.
d) Trzypokojowe mieszkanie studenckie ma wannę?
e) Mikroapartament znajduje się w budynku, w którym jest winda?
f) Łóżka piętrowe są w akademiku.
g) Z mikroapartamentu jest piękny widok na rzekę i park.
h) Cena wynajmu mikroapartamentu jest do negocjacji.
i) W akademiku na parterze jest siłownia, w której można trenować.
j) Z mieszkania studenckiego jest blisko na dwie uczelnie – na uniwersytet i na politechnikę.

4
Przykład: 1 – f, 2 – d, 3 – j, 4 – g, 5 – h, 6 – a, 7 – e, 8 – c, 9 – i, 10 – b

5A
1 – przestronny, 2 – jasny, 3 – ciemna, 4 – wygodna, 5 – wyposażone

5B
To jest przykładowe rozwiązanie:
Kasia: Wrocław super! A mieszkanie… daj spokój! Nawet nie chce mi się mówić.
Tragedia! Jest fatalne. Jest dosyć małe, ma 32 metry kwadratowe. Są dwa pokoje.
W jednym mieszkam ja, a w drugim moja siostra. Mój pokój jest ciasny, bo jest w nim mało miejsca, i ciemny , bo jest mało światła. Kuchnia też jest trochę ciemna, bo nie ma w niej żadnego okna. Łazienka jest niewygodna, bo jest mała.
Generalnie mieszkanie jest bardzo źle wyposażone, bo nie ma w nim potrzebnych mebli i sprzętów. Jestem bardzo niezadowolona.

7A
1. Przykład: Dom Kereta jest w Warszawie, w dzielnicy Wola. Znajduje się między ulicami Żelazną 74 a Chłodną 22.
2. Architekt Jakub Szczęsny i grupa projektowa Centrala.
3. To jest pracownia dla izraelskiego pisarza Etgara Kereta.
4. Rzadko, kiedy są *dni otwarte*.
5. Przez stronę internetową: http://oferta.fundacjapsn.pl/produkt/dniotwarte/.

9. WRÓŻKA PRAWDĘ CI POWIE

1
Czy będziesz mieć wolny wieczór? (ty)
Będę robić zakupy z koleżanką. (ja)
Olga i Ksenia będą uczyć się języka polskiego. (one)
Będziemy robić pizzę. (my)
Z kim Marek będzie grać w karty? (on)
Skąd Kacper i Eryk będą wracać? (oni)
Moje dziecko już nie będzie pić mleka przed snem. (ono)
Gdzie będziecie oglądać film? W domu czy w kinie? (wy)
Iza będzie rozmawiać przez telefon z przyjaciółką. (ona)

5
Przykład: fot. 1 – Gdzie?, fot. 2 – Z kim?, fot. 3 – Jaka?, fot. 4 – Jak często?, fot. 5 – Co (będę robić)?, fot. 6 – Dlaczego?, fot. 7 – Jak?, fot. 8 – Kto?, fot. 9 – Kiedy?

7A
Przykład: 1. Wieczór andrzejkowy jest 29 listopada (imieniny Andrzeja).
2. Ludzie w Polsce w wieczór andrzejkowy wróżą, czyli przepowiadają przyszłość.
3. Najpopularniejsza andrzejkowa wróżba to lanie wosku.
4. Wróżby andrzejkowe dawno temu miały charakter matrymonialny.
5. Dzisiaj andrzejkowe wróżby to forma zabawy dla dzieci i dla dorosłych.

10. ŻYCIE GWIAZDY

1
1 – przykład: urodzić się, 2 – chodzić do przedszkola, 3 – chodzić do szkoły, 4 – zdać maturę, 5 – studiować na uniwersytecie, 6 – pracować, 7 – zakochać się, 8 – zaręczyć się, 9 – wziąć ślub, 10 – mieć dziecko, 11 – kupić mieszkanie, 12 – przeprowadzić się, 13 – awansować w pracy, 14 – być na emeryturze, 15 – mieć wnuki

3B
a) Urodziła się, b) Chodziła, c) *Zadebiutowała* (przykład), d) Zachorowała / leczyła się, e) Wzięła / rozwiodła się, f) wyjechała, g) wyjechała / była, h) Spotykała się, i) grała / założyła / zarabiała, j) Mieszkała / Zmarła

A2

1. POWIEDZ MI, KIM JESTEŚ…?

1A
Przykład: imię i nazwisko – Anna Nowak, wiek – 24, data i miejsce urodzenia – 15.03.1996, Gdańsk, stan cywilny – panna, doświadczenie zawodowe – modelka, fotomodelka, zainteresowania – fotografia, podróże, gotowanie, znajomość języków obcych – angielski – biegle, hiszpański – biegle, francuski – dobrze, wykształcenie – wyższe, narodowość – Polka, miejsce zamieszkania – Gdańsk, wygląd zewnętrzny – brunetka, szczupła, wzrost – 1,80 m, cechy charakteru – pewna siebie, energiczna, wesoła

4A
1 – E, 2 – C, 3 – D, 4 – A, 5 – B

5A
Przykładowa wypowiedź – historia sukcesu Tomka Bagińskiego:
Tomasz Bagiński jest znanym polskim rysownikiem, animatorem i reżyserem. Jako młody człowiek Tomek Bagiński pracował dużo na komputerze. Studiował architekturę w Warszawie. Po trzech latach zrezygnował ze studiów, żeby zająć się pracą nad filmami. Zaczął pracować nad filmem animowanym „Katedra", za który dostał nominację do Oskara w 2002 roku. Odniósł międzynarodowy sukces razem z agencją *Platige Image*, w której zajmuje stanowisko dyrektora kreatywnego. W 2010 roku przygotował ośmiominutowy film animowany przedstawiający historię Polski w pigułce. Film był prezentowany na wystawie Expo w Szanghaju. Tomek Bagiński dużo podróżuje, bo reżyseruje filmy albo współpracuje przy produkcji obrazów nie tylko w Polsce, ale i za granicą. Na przykład pracował przy produkcji serialu „Wiedźmin". Dzięki temu przedsięwzięciu odniósł spektakularny sukces.

2. CZY MASZ RODZEŃSTWO?

1B
Przykład: a – razem, b – naturalny, c – zawsze, d – odpowiedzialny, e – dom, f – awantura, g – intymne

5C
3 – Drodzy Państwo Młodzi! Najlepsze życzenia: miłości i szczęścia!
4 – Kolejnych 25 (dwudziestu pięciu) lat razem!
3 – Najlepsze życzenia z okazji ślubu!
1, 2, 3, 4 – Sto lat!
1, 2 – Sukcesów w pracy i w życiu zawodowym!
3 – Wszystkiego najlepszego na nowej drodze życia!
2 – Wszystkiego najlepszego, Córeczko! Jak szybko minęło te 18 lat!
1, 2, 3, 4 – Zdrowia, szczęścia, pomyślności!

3. UWIELBIAM TAŃCZYĆ!

3A
1 – wędkować / łowić ryby, 2 – narty / jeździć na nartach / narciarstwo / snowboard / jeździć na snowboardzie, 3 – kina / filmów, 4 – gotowanie / kuchnia, 5 – siatkówkę / grać w siatkówkę, 6 – języki / języki obce / nauka języków obcych

3B

A – Adam, B – Sara, C – Marek, D – Henryk, E – Malwina, F – Ania

5A

– Dla dzieci w jakim wieku są oferowane zajęcia wspinaczkowe? *Zajęcia są oferowane dla dzieci w wieku 6–8 lat i 9–11 lat.*
– Co obejmuje opłata za zajęcia sportowo-rekreacyjne dla dzieci? *Opłata obejmuje wypożyczenie sprzętu wspinaczkowego i lekcję z trenerem.*
– Do kogo jest skierowana oferta szkoły tańca? *Oferta jest skierowana dla początkujących i zaawansowanych tancerzy.*
– W jaki sposób można zgłosić się na kurs tańca? *Zapisy są w sekretariacie szkoły.*
– Czy można uczestniczyć w zajęciach fitness zdalnie? *Tak, jest aplikacja treningowa i platforma VOD.*
– Za co nie trzeba płacić w klubie fitness? *Nie trzeba płacić za pierwsze wejście do klubu. Aplikacja treningowa i dostęp do platformy VOD XtremeGO też są bezpłatne.*

5B

dialog A – ulotka nr 2, dialog B – ulotka nr 1, dialog C – ulotka nr 3

4. GDZIE MIESZKASZ?

3A

1 – kuchnia, 2 – salon / pokój dzienny, 3 – balkon, 4 – przykład: sypialnia, 5 – przedpokój / korytarz, 6 – gabinet, 7 – łazienka

a – kosz na śmieci, b – umywalka, c – łóżko, d – zlew, e – prysznic, f – wieszak, g – dywan

4A

Przykładowa wypowiedź:

Wiola Mrówczyńska **urządza** domy i mieszkania. Bardzo lubi swoją pracę i **nie wyobraża sobie** innej. Najwięcej przyjemności sprawia jej pozytywna reakcja klientów, bo to **dodaje jej skrzydeł**. Sama **przepada za** dużymi, jasnymi pomieszczeniami, lubi wielkie okna i naturalne światło, uwielbia jasne, ciepłe kolory: biały, różowy i beżowy. Ma kilka pomysłów na przyszłość – na pewno chciałaby **spróbować swoich sił** jako projektantka mebli.

5. MUSZĘ WYSŁAĆ PACZKĘ

1

0. przykład: karnet
1. grupowe lub indywidualne
2. trenerem
3. list
4. znaczek i kopertę
5. paczkę
6. konto
7. pieniądze
8. zrobić
9. bilet
10. bagaż
11. godzinę odjazdu
12. paszport
13. formularz / wniosek o paszport
14. dokumenty (np. kartę pobytu)
15. lekarza
16. wizytę
17. badania
18. włosy
19. włosów / zafarbować je
20. fryzurę na specjalną okazję

2A

a) Nie, bo jest przerwa od 12:00 do 12:30.
b) 30 złotych.
c) Tak, można.
d) Nie, bo wnioski o paszport można składać od poniedziałku do piątku do 15:30.
e) Mężczyźni i dzieci.
f) Nie, bo salon w czwartek jest otwarty do 14:00.
g) Można płacić kartą i gotówką.
h) Przy okienku może przebywać tylko jedna osoba.

2B

dialog nr 1 – na dworcu autobusowym w Białymstoku, przy kasach biletowych
dialog nr 2 – u fryzjera w Białymstoku (w salonie fryzjerskim „Grześ")
dialog nr 3 – na Dworcu Centralnym w Warszawie w przechowalni bagażu
dialog nr 4 – w Urzędzie Wojewódzkim w Poznaniu

3

komiks B, komiks D, komiks A, komiks C

6. MOJA PRACA TO MOJA PASJA

1

Przykład: 1 – c, 2 – f, 3 – g, 4 – d, 5 – a, 6 – i, 7 – h, 8 – e, 9 – b

3A

– W którym roku Robert Kubica zdobył tytuł Najlepszego Sportowca Polski? W 2008.
– Jakie wyróżnienie sportowiec dostał w Wielkiej Brytanii w 2012 roku? Wyróżnienie „Człowiek Roku 2012".
– Czym pasjonował się tata Roberta Kubicy? Sportami samochodowymi.
– Czyje wsparcie jest ważne dla sportowca? Dlaczego? Ważne jest wsparcie najbliższych osób oraz kibiców, bo stają się aktywną częścią jego życia.
– W czym pomaga pasja zdaniem Roberta Kubicy? Pasja pomaga w trudnych chwilach i dzięki niej pracuje się więcej.

4B

1 – c, 2 – d, 3 – b, 4 – a

7. CZAS PŁYNIE

1A

A – lato, B – jesień, C – zima, D – wiosna

1B

Przykład: 1 – B, 2 – C, 3 – C, 4 – D, 5 – A, 6 – A, 7 – D, 8 – C, 9 – B, 10 – C, 11 – D, 12 – A

3A

I – b, II – a, III – c, IV – b, V – b, VI – a

3B

Przykład: A – Bartek, B – Grażyna, C – Wojtek, D – Paulina, E – Kamila, F – Maciek, G – Aneta

4B

1. Relacje, 2. Życie w biegu, 3. Cisza i spokój

8. ŁADNIE WYGLĄDASZ!

1

głowa – typowo męskie; uniwersalne: kapelusz, okulary; typowo damskie: kolczyki

tułów i szyja – typowo męskie: koszula, krawat, muszka, garnitur; uniwersalne: bluza, sweter, koszulka, kurtka, płaszcz, kamizelka, szalik, golf; typowo damskie: bluzka, top, naszyjnik, biustonosz, sukienka, żakiet, kostium

biodra – typowo męskie: bokserki, slipy; uniwersalne: majtki; typowo damskie: spódnica, spódniczka mini

ręce – typowo męskie; uniwersalne: rękawiczki; typowo damskie: pierścionek, bransoletka

noga – typowo męskie: garnitur; uniwersalne: spodnie; typowo damskie: rajstopy

stopa – typowo męskie; uniwersalne: buty, adidasy, sandały, trampki, japonki, skarpetki; typowo damskie: kozaki

3

a – Piękna bluzka! / Bardzo ładnie w niej wyglądasz!
b – Wyglądasz interesująco w tym nakryciu głowy. / Nie jest na to za zimno? Może lepiej założyłbyś czapkę?
c – No coś ty, tyle kasy! / Naprawdę chcesz wydać tyle na jedną rzecz?
d – Oszalałeś? Zmień te spodnie! / Chyba nie pójdziesz tak ubrany na oficjalną imprezę?
e – Piękny krawat. / Jest bardzo ładny, pasuje panu do garnituru.
f – Też chcę takie! Byłyby idealne na plażę! / Ale fajne! Gdzie takie można kupić? U optyka czy w sklepie odzieżowym?

g – Naprawdę? Nie czuję się w tym odcieniu dobrze. / Tak pani myśli? No bo mi nie bardzo się podoba.

h – Natychmiast proszę się przebrać! / O nie, młoda damo! W tym stroju nie wyjdziesz z domu!

5A
- A. Jak wyglądała ta domowa manufaktura?
- B. Co spowodowało, że marka stawała się coraz popularniejsza?
- C. Skąd w ogóle wziął się pomysł na tego typu biżuterię?
- D. O wyjątkowości Lilou stanowi głównie personalizacja?

9. MAZURY CZY BIESZCZADY?

1A

1 – b, 2 – a, 3 – c, 4 – c, 5 – a, 6 – c, 7 – c, 8 – a, 9 – a, 10 – b

5A

A – 4, B – 1, C – 2, D – 3

10. ŻYJ ZDROWO!

4

Przykładowa wypowiedź, kolejność tekstów dowolna:
1. Nie pal papierosów, bo bardzo szkodzą zdrowiu, powodują na przykład kaszel i choroby gardła.
2. Nie jedz tłustych i słodkich produktów.
3. Nie pracuj zbyt długo i nie bierz na siebie zbyt dużo obowiązków.
4. Pij dużo wody.
5. Badaj się regularnie.
6. Uprawiaj sport.
7. Spędzaj więcej czasu ze znajomymi lub przyjaciółmi.
8. Jedz warzywa i owoce.
9. Znajdź czas na relaks – zrób sobie gorącą kąpiel z pianą.
10. Spędzaj dużo czasu na świeżym powietrzu – ruch jest ważny dla zdrowia.

TRANSKRYPTY

A2

I

Egzaminator: Dzień dobry, jak się pani nazywa?
Zdająca: Dzień dobry, nazywam się Sylwia Wielgus.
Egzaminator: Skąd pani jest?
Zdająca: Hmm, to trochę skomplikowane. Urodziłam się w Anglii, ale moi rodzice są z Polski, dlatego w Polsce mówię, że jestem z Anglii, a w Anglii, że z Polski.
Egzaminator: A teraz gdzie pani mieszka i czym się pani zajmuje?
Zdająca: Mieszkam teraz w Polsce, w Krakowie, a wcześniej mieszkałam w Londynie w Anglii. Chciałam studiować w Polsce, bo mam tu dziadków. Mieszkam teraz u nich i codziennie rozmawiam po polsku. Cieszę się z tego, bo z rodzicami mówimy tylko po angielsku.
Egzaminator: Jest pani studentką. Czy może pani powiedzieć coś więcej o swoich studiach?
Zdająca: Tak, oczywiście. Studiuję medycynę po angielsku tu w Krakowie. Chodzę też na kurs języka polskiego. Dlatego mam mało wolnego czasu. Muszę się dużo uczyć, niestety. Niedługo mam egzaminy i trochę się boję, ale mam nadzieję, że wszystko będzie dobrze.
Egzaminator: A hobby? Jakie ma pani zainteresowania?
Zdająca: Kiedy mam wolny czas, to trochę biegam albo chodzę na fitness. Interesuję się też filmem. Razem z babcią oglądamy polskie seriale w telewizji, a z koleżankami czasami chodzę do kina.
Egzaminator: Rozumiem, a jaka jest pani wymarzona praca? Czy wybrała pani już specjalizację?
Zdająca: Na pewno chciałabym być lekarką i pracować w szpitalu. Teraz jeszcze nie wiem, czym dokładnie będę się zajmowała. Może będę pediatrą, bo bardzo lubię dzieci, ale trudno powiedzieć. Dopiero zaczęłam studia i chcę zdać egzaminy, a potem zobaczymy. Mam jeszcze czas.
Egzaminator: Dziękuję bardzo, przejdźmy do kolejnego zadania.

II

Egzaminator: Teraz proszę opowiedzieć o tej osobie na podstawie fotografii.
Zdająca: Dobrze, hmm, na pierwszej fotografii widzę młodą kobietę. Myślę, że jest modelką, bo tak wygląda. Jest blondynką. Ma na sobie czarne ubranie, chyba sukienkę, ale nie jestem pewna. Ona jest bardzo szczupła. Na pewno dba o zdrowie i dieta jest dla niej ważna, bo widzę na talerzu dużo świeżych warzyw i owoców. Wolny czas spędza z przyjaciółmi albo z rodziną. Co robi? Chyba grillują razem w ogrodzie, kiedy jest ładna pogoda. Jedzą i piją, pewnie też rozmawiają. Ta kobieta ma psa, często biega razem z nim w parku. Może to jest jej hobby? Wydaje mi się, że ona lubi biegać, bo się uśmiecha. Myślę, że ona dużo pracuje i często ma sesje fotograficzne. Ona często lata samolotem, bo pokazy mody są w różnych miejscach na całym świecie. Być może ta kobieta chodzi często na bankiety i przyjęcia do eleganckich restauracji i spotyka się tam ze znanymi osobami ze świata mody – innymi modelkami, różnymi projektantami i fotografami. Podsumowując, mogę powiedzieć, że to jest aktywna i interesująca osoba.
Egzaminator: Dziękuję, teraz ostatnie zadanie.

III

Egzaminator: Teraz odegramy taki dialog. Pani kolega niedawno otworzył małą kawiarnię i szuka kelnera albo kelnerki. Pyta panią o radę, bo ma troje kandydatów i nie wie, kogo wybrać. Ja będę pani kolegą i poproszę panią o radę.
Zdająca: Dobrze, rozumiem. Możemy zacząć.
Egzamintor: Cześć! Dobrze, że cię widzę. Mam do ciebie pytanie.
Zdająca: Hej! Jasne! Co się dzieje?
Egzaminator: Otworzyłem niedawno małą kawiarnię na naszym osiedlu i szukam kelnerki albo kelnera. Mam troje kandydatów i nie wiem, kogo wybrać. Pomogłabyś mi?
Zdająca: Nie wiem, czy będę umiała ci pomóc, ale spróbuję. Czy możesz mi coś o nich powiedzieć?
Egzaminator: Jest Kasia, ma 18 lat i w tym roku zdaje maturę. Nie ma doświadczenia w tym zawodzie, ale zna dobrze język angielski i jest pewna siebie.
Zdająca: A drugi kandydat? Co o nim wiesz?
Egzaminator: Drugi kandydat to Wiktor. Ma 22 lata i jest studentem. Od dwóch lat pracuje w pizzerii. Ma prawo jazdy, ale wiem, że jest niepunktualny. To jego największa wada.
Zdająca: A trzecia osoba? Kim jest?
Egzaminator: To pani Wiesława. Ma 50 lat. Jest kucharką. Pracowała przez 20 lat w szkolnej stołówce. Potrafi obsługiwać kasę fiskalną i jest odpowiedzialna. Naprawdę nie wiem, kogo wybrać.
Zdająca: Hmmm… Faktycznie, to trudna decyzja. Myślę, że nie warto zatrudniać Wiktora. On jest kierowcą, a przecież nie potrzebujesz kierowcy, jest też niepunktualny, a punktualność w tej pracy to podstawa.
Egzaminator: Masz rację. A co myślisz o Kasi i pani Wiesławie?
Zdająca: Nie wiem, czy potrzebujesz kelnerki ze znajomością języka angielskiego. Jeśli tak, to zdecydowanie warto zatrudnić Kasię. Z drugiej strony będziesz musiał ją wszystkiego nauczyć od początku, bo nie ma doświadczenia.
Egzaminator: A pani Wiesława? Co o niej myślisz?
Zdająca: Wydaje mi się, że jest najlepszą kandydatką. Ma bardzo duże doświadczenie, potrafi obsługiwać kasę fiskalną. Mówiłeś też, że jest odpowiedzialną osobą.
Egzaminator: Tak, ale pracowała w kuchni, a nie jako kelnerka.
Zdająca: Myślę, że nie musisz się tym martwić. Na pewno poradzi sobie w pracy kelnerki. Tak, wydaje mi się, że pani Wiesława jest najlepszą kandydatką.
Egzaminator: Chyba masz rację. Pani Wiesława. Tak… Nawet nie wiesz, jak bardzo jestem ci wdzięczny za radę!
Zdająca: Nie ma za co. Cała przyjemność po mojej stronie. Naprawdę cieszę się, że mogłam pomóc.
Egzaminator: Dziękuję. To już koniec egzaminu z mówienia.
Zdająca: Dziękuję. Do widzenia.

A1 / 6 / zad. 5

Proszę zdecydować, które ilustracje pasują do dobrego weekendu Roberta, a które do złego piątku Roberta. Następnie proszę ułożyć wydarzenia chronologicznie i opowiedzieć o nich.

• DOBRY WEEKEND ROBERTA •

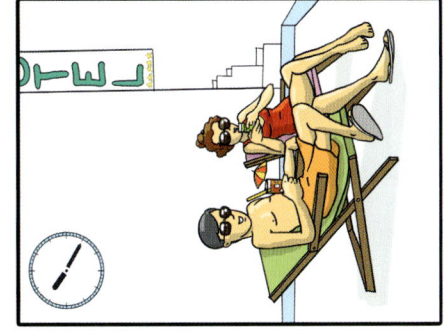

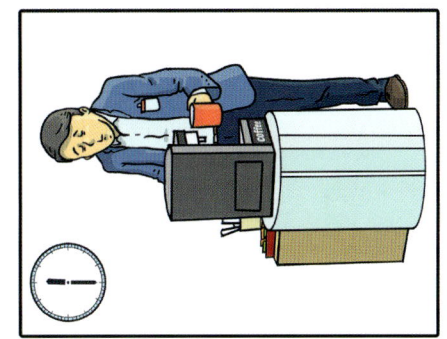

• ZŁY PIĄTEK ROBERTA •

KARTY KOMUNIKACYJNE 125

A2 / 1 / zad. 5

Proszę opowiedzieć historię sukcesu Tomka Bagińskiego.

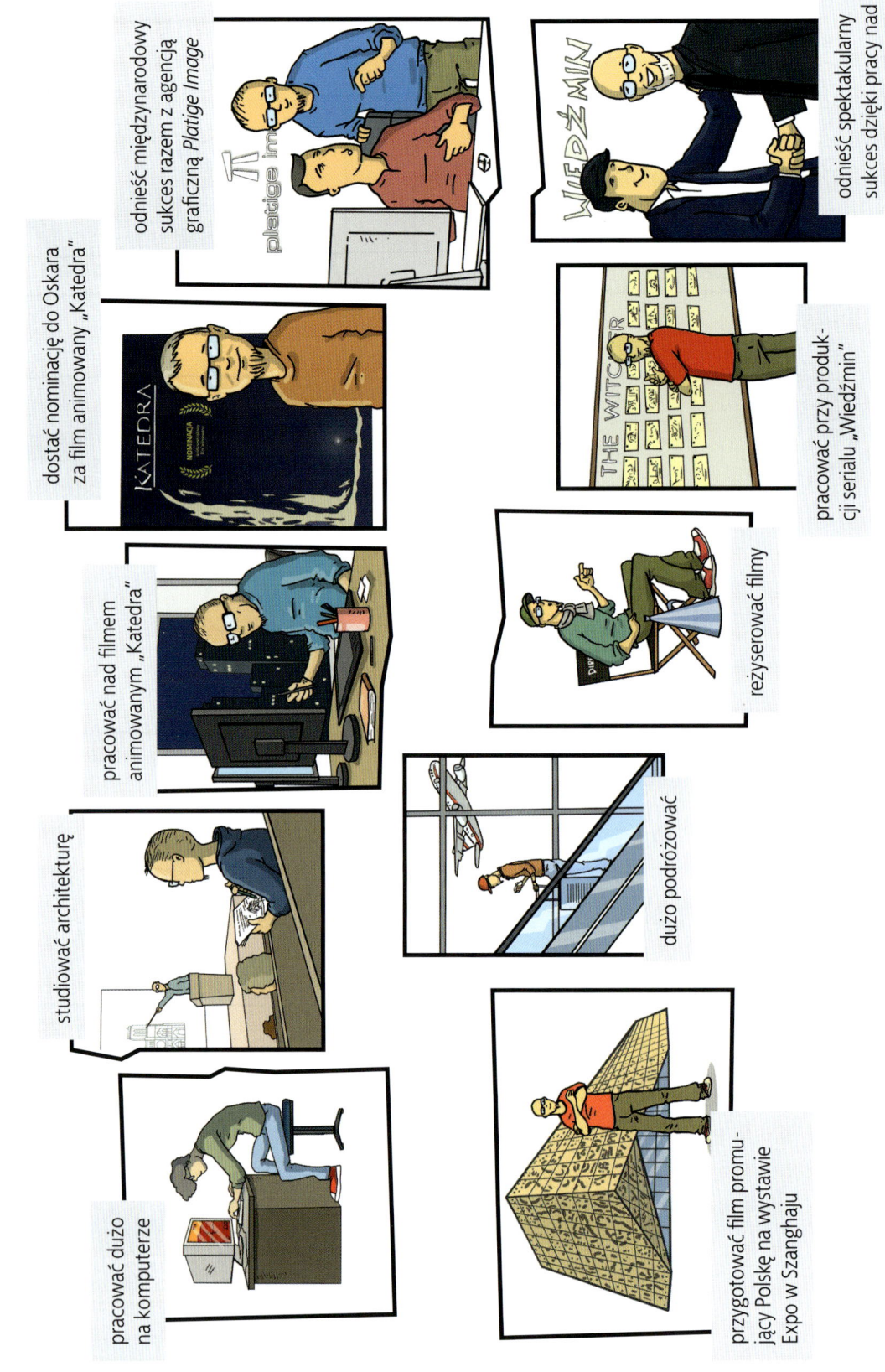

KARTY KOMUNIKACYJNE

A2 / 6 / zad. 4

Co oni mówią? Proszę uzupełnić dialogi.

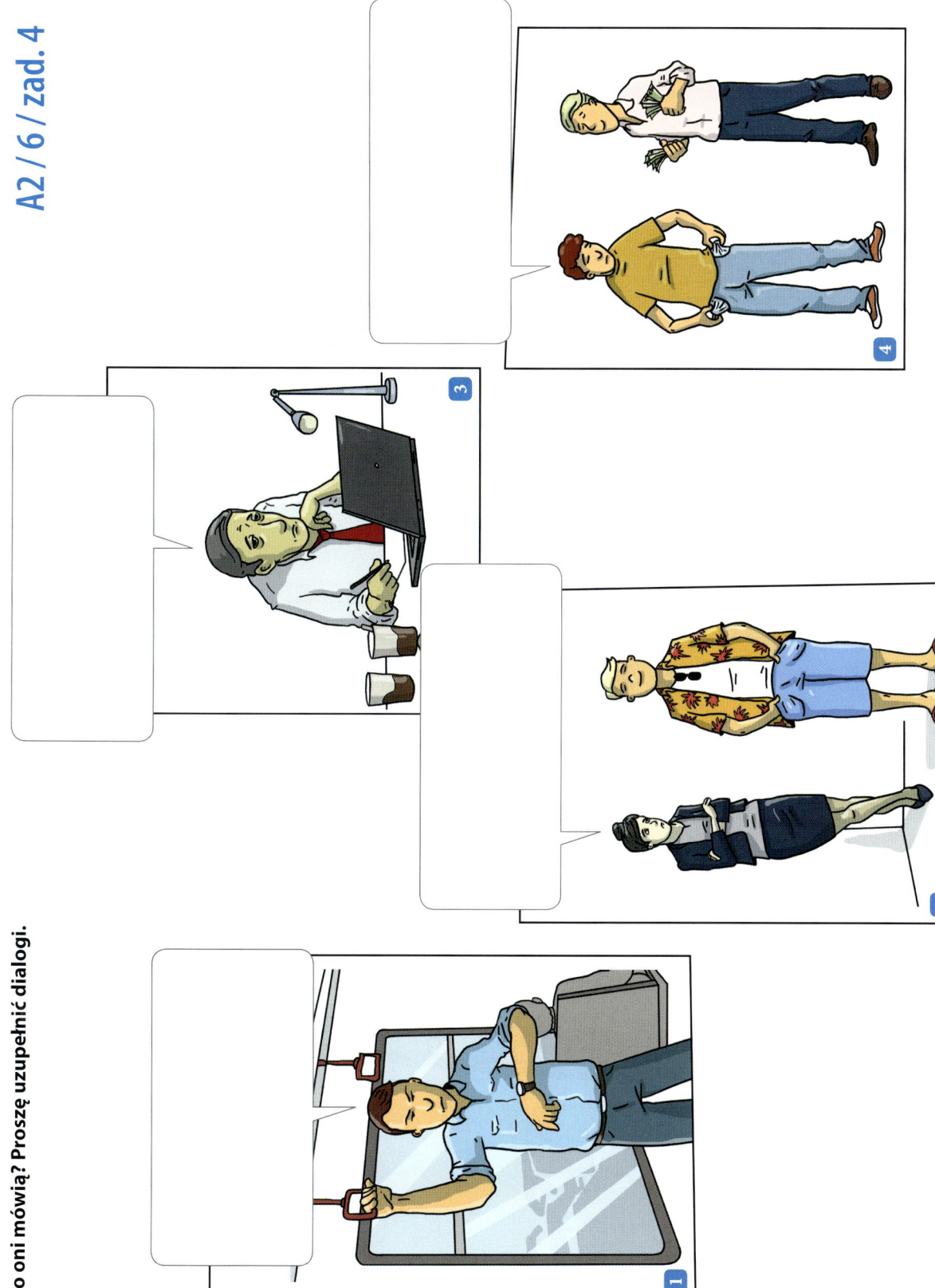

KARTY KOMUNIKACYJNE